KB090396

조선왕실의 태실

일러두기

1 태실의 명칭은 문화재로 지정된 경우 문화재 등록 명칭을 사용한다. 반면 비지정 문화재의 경우 통용되는 명칭은 그대로 사용하되 그 이외의 태실은 '지역＋지명(아명)＋태실'로 통일한다.

　　⑩ 부여 명혜공주 태실비／파주 정자리 태실／광주 원당리 성종 왕녀 태실

2 阿只의 경우 아지로 표기되나 이두식으로 읽을 경우 아기가 된다. 의미를 고려할 때 아기로 표현하는 것이 맞기에 이 책에서는 아지가 아닌 아기로 통일해서 쓴다.

3 귀부의 경우 난간석조작도에 귀롱대석으로 표기하고 있어, 책에서는 귀부 대신 귀롱대석으로 통일해서 쓴다. 단 문화재 명칭으로 통용될 경우 귀부를 사용할 수 있다.

4 태실비의 경우 아기비와 가봉비로 구분된다. 왕자나 왕녀의 태실일 경우 태실비로 통칭하지만, 왕의 태실인 경우 아기비와 가봉비를 명확하게 구분해서 사용한다. 또한 가봉비가 2개인 경우 가봉비와 개건비로 구분해 표기한다.

5 인명의 경우 역사서의 기록에 근거한다.

6 책의 내용에 인용된 원문이나 자세한 내용은 참고문헌이나 미주를 확인하면 된다.

7 각주는 숫자(홍색), 미주는 괄호숫자(청색)로 표기 하였다.

조선왕실의 태실

김희태 지음

휴앤스토리

최초 이 책을 구상할 때는 문화재 가운데 조선시대를 주제로 현장 답사와 역사를 함께 풀어 보는 책을 쓰겠다고 계획했었다. 그랬기에 최초 유력하게 검토된 주제는 조선왕릉이었다. 다른 시대의 왕릉과 달리 조선왕릉은 전체 42기 중 개성에 있는 제릉(齊陵)과 후릉(厚陵)을 제외한 전체 왕릉이 온전하게 남아 있어 적절한 주제로 판단했다. 그런데 조선왕릉의 경우 이미 여러 연구자에 의해 논문을 비롯한 출판물이 많이 나와 있었다. 그랬기에 문화재로 조선을 연결할 수 있는 주제가 무엇이 있을까? 한동안 이 주제로 고민하다가 취재차 예천 명봉사를 방문한 자리에서 문종과 사도세자의 태실을 접했는데, 태실 역시 왕릉에 못지않게 의미 부여를 할 수 있다는 사실을 알게 되었다.

게다가 많은 이들이 조선왕릉은 알아도 태실은 생소하게 느낀다는 점 역시 책을 집필하는 데 있어 하나의 동기로 작용했다. 실제 도서 목록을 검색해 보면 조선왕릉과 관련한 책들은 다수 확인이 되는데, 태실 관련 책들은 생각처럼 많지가 않다. 왜 그런지 곰곰이 생각해 보면, 먼저 분포의 차이를 들 수 있다. 조선왕릉의 경우 주로 수도권에 분포하고 있는 것과 달리 태실은 전국적으로 분포하고 있다. 또한 태실의 경우 대개 산의 정상에 있는 것이 일반적이기에 접근성이 좋지 않다. 여기에 왕릉보다 태실의 수가 많기에 태실에 대한 조사는 개인 차원에서 하기란 사실상 쉽지 않은 일이다.

책의 주제를 태실로 결정한 뒤 관련 자료를 취합하면서 새로운 고민에 빠졌는데, 집필할 태실의 범주를 어디까지 할 것인지 여부였다. 또한 태실에 대한 전수 조사를 진행하면서 태실의 상당수가 방치 상태에 있다는 것을 알 수 있었다. 처음에는 왕의 태실만 주제로 잡고, 집필을 준비했지만, 훼손이 진행되고 있는 아기씨 태실의 현주소를 목격한 뒤 생각을 바꿔 전국에 있는 태실 가운데, 태실비나 태함 등 석물의 일부가 남아 있는 모든 태실을 전수 조사하고, 집필 범위에 넣는 것으로 변경했다. 하지만 이렇게 시작된 태실의 조사 과정은 쉽지가 않았다. 특히 여름철의 경우 관리되지 않는 태실을 찾아가는 과정은 그 자체가 고역이었다. 심지어 춘천 덕두원 태실의 경우 길을 잃어 산을 2시간 헤맨 끝에 목적지에 도착한 적도 있을 정도였다. 여기에 태실 가운데 상당수가 비지정 문화재라 이정표나 안내문 등의 친절함을 기대할 수가 없었다. 그랬기에 태실을 찾는 과정에서 마을의 어르신들이나 지자체에 문의해 태실의 위치를 찾는 과정이 빈번했다. 이러한 과정을 거쳐 결과물로 만들어진 것이 바로 이 책이다. 따라서 이 책은 주로 현장의 모습을 많이 담고 있다는 점을 밝혀 둔다.

한편 책을 집필하는 과정에서 필자의 경우 전문적인 연구를 진행하는 학자는 아니기에, 역사적 사실과 태실이 있는 현장은 내용 검토의 중요한 잣대가 되었다. 적어도 이 책이 부정확한 오류를 담아 독자들에게 혼란을 초래해서는 안 되기 때문에, 아래 기준에 의해 책을 집필하고자 했음을 밝힌다.

- 『태봉등록』이나 실록, 의궤처럼 사료에 기록이 남아 있는 경우
- 기록에는 없지만 태실비와 태지석 등의 금석문을 통해 확인된 경우

- 태실 석물의 비교 분석을 통해 위의 사실을 보충하는 경우

위의 기준과 함께 "아는 대로 쓰고, 모르는 건 모르는 대로 남겨 둔다."라는 집필 원칙을 최대한 지키고자 했다. 물론 이것만으로는 태실을 이해하는 데 한계가 있기 때문에 『신증동국여지승람』을 비롯한 지리지와 전승 등의 내용을 보충하는 형태로 서술했다. 또한 연구자들의 학술 자료를 검토하고, 역사적 해석에 대한 부분도 함께 담고자 했다. 해당 주제를 결정하는 데는 존경하는 김준혁 교수님께서 태실로 책을 한번 써보면 어떻겠냐는 조언을 해주신 것이 큰 도움이 되었다. 감사의 인사를 드린다. 이와 함께 태실 관련 자료를 공유해주시고 책을 집필하는 데 많은 도움을 준 심현용 박사님과 성주군청 박재관 학예사님, 경기문화재연구원 김종헌 선생님께 감사의 인사를 드린다. 그리고 함께 태실 답사를 다니면서 여러 에피소드를 경험했던 이건일 형님, 전인혁 선생님, 박경남 선생님, 임병기 선생님, 김환대 선생님, 그리고 내 친구 백근우, 박주현 등에게도 지면을 빌려 고마움을 전한다. 마지막으로 태실 답사를 위해 여러 날을 지방에서 보내야 했음에도 물심양면으로 지지해준 아내와 딸 유나에게 이 책을 바친다.

칠보산이 보이는 호매실동의 자택에서
김희태 쓰다.

차례

3장 왕자·왕녀들의 태실

4장 창덕궁 후원에 조성된 태실

5장 왕비의 태실

6장 사진으로 보는 태실

1 장

태실(胎室)이란?

01 태실의 이해[1]

태실(胎室)은 갓 태어난 아기의 탯줄을 소중히 여기는 마음과 풍수지리가 결합해 만들어진 독특한 풍습으로, 태실을 묻는 태봉(胎峰)은 대체로 들판 가운데 둥근 봉우리를 선택했다. 태(胎)를 길지에 묻는 장태 풍습은 일찍이 중국에는 없던 것으로, 태실의 조성 사례는 우리나라와 일본에서 확인된다. 태실의 조성은 꽤 오래전부터 있어 온 풍습으로, 전승을 제외한 신뢰할 수 있는 사료에서 찾는다면『삼국사기』에 언급된 김유신의 태실을 첫머리에 올릴 수 있다. 삼한일통(三韓一統)의 명장인 김유신의 태실은 충청북도 진천군에 있는데, 만노군(萬弩郡)의 태수로 있던 김서현(金舒玄)과 만명부인(萬明夫人) 사이에서 김유신(金庾信, 595~673)이 태어났다. 김유신의 탄생은 지명에도 영향을 미쳤는데,『삼국사기』김유신 열전을 보면 이때 김유신의 태를 묻은 산을 태령산(胎靈山)이라 불렀음을 알 수 있다.[2] 이 밖에 기록이나 전승의 형태로 태실을 묻은 것으로 전해지는 장소가 전국적으로 분포하고 있는데, 이 경우 태실을 묻은 산의 이름을 태봉산(胎峰山, 혹은 胎封山)으로 부르거나 마을 이름을 태봉리(胎峯里), 태전동(胎田洞) 등으로 불렸다.

▲ 진천 김유신 태실. 김유신의 태를 묻었다 해서 태령산(胎靈山)으로 불렸다.

다만 태봉산으로 불린다고 해서 무조건 태실로 등치시켜 보는 것은 삼가야 한다. 실제 태봉산으로 불리지만 태실과 아무런 관련이 없는 경우도 있고, 신뢰성이 있는 명확한 기록이나 현장에서 태실 유적이 확인되지 않는 이상 전승의 형태로 전해지는 태실은 좀 더 심도 있는 접근이 필요하다. 예를 들어 안성 배태리 태실의 경우 삼국시대 왕자의 태실이라는 전승이 있었지만, 막상 현장을 조사해 보니 조선시대의 태실로 확인되었다. 또한 예산 입침리 태실이나 광주 용성대군 태실의 경우 조선왕실의 태실임에도 지도에 '고려태봉(高麗胎封)', '고려왕자태봉(高麗王子胎封)'으로 표기되는 등 전승에 의한 태봉 기록은 신뢰성에 문제가 되기에 참고 사항 정도로 접근할 필요가 있다. 한편 이러한 태실 문화는 고려 때도 성행했던 것으로 보인다. 실제『고려사』에는 왕의 태실을 묻었다는 기사가 상당수 확인이 되고 있으며, 과거 시험 중 잡업, 지리업(地理業) 과목에 태장경(胎藏經)이 있다는 점은 고려 때도 장태 풍습이 유지되었음을 보여준다.

『태종실록』을 보면 여흥부원군 민제(閔霽)로 하여금 경산부 조곡산에 태종의 태를 봉안했는데, 이때 민제는 함주(咸州)로 가서 태종의 태를 찾았다고 했다.[3] 태종이 태어났을 때는 아직 조선이 건국되기 전이었던 걸 고려해 보면 민간의 풍습에 따라 처리되었음을 보여준다. 그리고 다시 태실을 찾았다는 것을 보면 이때의 태를 보관했던 방법은 매태(埋胎)와 같은 방식으로 추정되는데, 이는 태종뿐 아니라 태조와 정종의 태실 역시 유사한 형태로 조성되었을 가능성을 보여준다. 이를 통해 고려 때 왕실뿐 아니라 민간에서도 태(胎)를 소중히 여겼음을 보여준다.

반면 사대부의 경우 태실은 태어난 장소를 의미하는데, 대표적으로 안

▲ 안동 약봉태실(좌), 안동 퇴계태실(우)

▲ 명종의 태실이 있는 태봉산의 원경

동에 있는 퇴계태실(退溪胎室)과 약봉태실(藥峯胎室)이 있다. 해당 태실은
퇴계 이황(李滉, 1501~1570)과 약봉 서성(徐渻, 1558~1631)이 태어난 장소로,
태실(胎室)의 명칭을 쓴 것은 동일하지만 그 의미는 전혀 다른 것이다. 이
밖에 민간에서도 태는 함부로 버리지 않고, 다양한 방식으로 처리했는데,
▶불에 태우는 소태(燒胎) ▶태를 말리는 건태(乾胎) ▶땅에 묻는 매태(埋胎)
▶강이나 바다에 던지는 수중기태(水中棄胎) 등으로 구분된다.

　조선왕실에서는 왕의 자녀와 세자의 아들이 태어나면 태실을 조성했
다. 일반적으로 태실은 산의 정상에 조성했는데, 가장 이상적인 지형을
들판 가운데 둥근 봉우리로 표현하고 있다. 이와 관련해『세종실록』에는
정앙(鄭秧)이 육안태(六安胎)에 기록된 내용을 언급하며, "땅이 반듯하고 웃
뚝 솟아 위로 공중을 받치는 듯 하여야만 길지(吉地)가 된다."라고 말한 장
면이 대표적이다.[4] 또한 다른 형태의 태봉도 주목이 되는데, 『태봉등록』
에는 태실지 주변으로 내맥(來脈)이 없고, 좌청룡과 우백호, 안산 등이 마

주 보는 곳이 없는 곳을 길지로 평가하는 것을 볼 수 있다.[5] 한편 당시는 엄격한 신분제 사회였기 때문에 태실의 조성에 있어 위계질서가 명확했다. 그렇기에 왕과 세자, 원손의 태실은 다른 왕자·왕녀들의 태실과는 차이가 있을 수밖에 없다.

조선왕실의 태실은 신분에 따라 규모가 달랐다. 크게 차기 왕이 될 신분인지와 왕비 혹은 후궁의 소생인지에 따라 태실의 규모는 달리 정해졌는데, 이는 『태봉등록』의 기록을 통해 알 수 있다. 즉 태실이라고 다 같은 태실이 아닌 것이다. 태실의 규모는 1등급지와 2등급지, 3등급지로 구분된다. 1등급지의 경우 왕의 태실로, 가봉된 태실(加封)을 의미한다. 다만 세자나 원자처럼 향후 왕으로 즉위할 신분이라면 태실을 조성할 때부터 태실의 가봉을 염두에 두고 조성했다. 다만 예외적으로 조선 초에는 왕비의 태실이 조성되기도 했고, 정조 때는 사도세자의 태실이 가봉된 사례가 있다. 특히 세자의 신분으로 태실이 가봉된 사도세자 태실의 사례는 파격적인 것으로 평가되며, 이전에도 이후에도 없있던 조지였나.

한편 1등급지의 경우 다른 태실들과 달리 규모에서의 차이가 있는데, 태실을 중심으로 사방 각 3백보를 측량해 금표 지역으로 설정했다. 또한 태실을 관리하고, 수호하는 별도의 수직(守直)을 두었다. 하지만 반대의 사례도 존재하는데, 왕이었지만 왕위를 찬탈당하거나 폐위가 된 경우 태실을 파괴한 사례가 확인된다. 공식 철거 기록이 남은 성주 단종 태실과 대구 광해군 태실의 경우 인위적으로 파괴된 태실 석물이 남아 있다. 2등급지의 경우 왕비 소생인 대군의 태실이다. 이 경우 태실을 중심으로, 사방 각 200보를 측량해 금표를 세웠다. 조선의 경우 장자 계승이 원칙이었기에 일반적인 경우 위의 규모에서 벗어나지 않게 태실을 조성했다. 3

등급지의 경우 왕비 소생의 공주나 후궁 소생의 군, 옹주 등의 태실로, 이 경우 태실을 중심으로 사방 각 100보를 측량해 금표를 세웠다. 현재 남아 있는 상당수의 태실이 이 범주에 포함된다. 따라서 신분에 따른 태실의 규모를 표로 만들어보면 다음과 같이 구분된다.

	금표(禁標)	수직(守直)	가봉(加封)
1등급지	300보	○	○
2등급지	200보	×	×
3등급지	100보	×	×

〈표-1〉 신분에 따른 태실의 규모[6]

반면 궁궐을 떠난 왕자나 공주, 옹주의 자손 및 사대부들의 경우 왕실의 장태 풍습과 달리 태를 땅에 묻는 매태(埋胎)와 같은 방식으로 보관한 것으로 추정되는데, 『선조수정실록』을 보면 "잠저(潛邸)를 뒤져 정원 북쪽 소나무 숲 사이에서 찾아내었다."[7]라고 적고 있다. 또한 태어난 뒤 얼마 지나지 않아 태주가 세상을 떠난 경우 분묘에 태를 함께 묻는 분묘병장(墳墓幷藏)의 사례가

▲ 고양 정소공주 묘

확인되는데, 대표적으로 서삼릉 왕자·왕녀 묘에 있는 ▶정소공주 묘 ▶고종 제1남 묘 ▶고종 제4남 묘 ▶고종 제1녀 묘 등이다. 이들 묘비석의 옆면에는 태실병장(胎室幷藏)이 새겨져 있다.

▲ 고종 제1남 묘

▲ 고종 제4남 묘

▲ 고종 제1녀 묘

『선조수정실록』에는 "태경(胎經)의 설이 시작된 것은 신라(新羅)·고려(高麗) 사이이고 중국에 예로부터 있었던 일은 아니다."라고 적고 있어, 태실과 같은 장태 풍습은 중국에는 없던 풍습임을 알 수 있다. 반면 일본의 경우에는 조선의 태실처럼 태를 묻는 방식의 장태 문화가 있었는데, 일본에서는 이를 포의총(胞衣塚, えなづか)이라고 한다. 다만 심현용(2021)은 포의총이 장태 문화의 일종인 것은 분명하지만 조선의 태실은 조성 과정과

▲ 묘비석 옆에 새겨진 태실병장 (胎室幷藏)

제도의 관점에서 차이가 있다고 봤기에 둘을 동일시하는 것은 문화의 개념을 잘못 이해한 것으로 보고 있다.[8]

▲ 일본 닌토쿠 천황(仁德天皇)의 포의총(좌), 일본 고카쿠 천황(光格天皇)의 포의총(우) ⓒ 전인혁

02 태실의 조성 과정

태실을 조성할 때는 크게 ▶세태 의식 ▶태실 공사 및 조성 ▶봉출 의식 등으로 구분된다. 조선왕실에서는 아기가 태어나면 그 태를 소중히 여겼는데, 『문종실록』에 기록된 다음의 구절을 통해 알 수 있다.

> 《태장경(胎藏經)》에 이르기를, '대체 하늘이 만물(萬物)을 낳는데 사람으로서 귀하게 여기며, 사람이 날 때는 태(胎)로 인하여 장성(長成)하게 되는데, 하물며 그 현우(賢愚)[1]와 성쇠(盛衰)가 모두 태(胎)에 매여 있으니 태란 것은 신중히 하지 않을 수가 없다. 무릇 태(胎)에서 내려온 지 3월에는 명칭을 화정태(和正胎)라 하고, 5월에는 연장태(軟藏胎)라 하고, 3년에는 장응태(壯應胎)라 하고, 5년에는 중부태(中符胎)라 하고, 7년에는 향양태(向陽胎)라 하고, 15년에는 과양태(過陽胎)라 하니, 이를 육안태법(六安胎法)이라 이른다.'고 한니다.[9]
>
> — 『문종실록』 권3 문종 즉위년 경오(1450) 9월 8일 중

이처럼 태(胎)를 소중히 하는 것은 태주가 자라는 데 있어 중요하게 인식했음을 보여준다. 또한 태를 소중히 하는 것은 나라의 국운과도 연관이 있다고 보았기 때문에 태실의 조성은 조선왕실의 궁중 의례로 발전할 수 있었다. 『최숙의방호산청일기(崔淑儀房護産廳日記)』를 보면 세태 의식이 어떻게 진행되었는지를 알 수 있는데, 우선 아기가 탄생하면 태를 수습한 뒤 길한 방향에 두었다. 이후 3일째가 되는 날을 기다려 태를 물로 100번

---

1 현우(賢愚): 현명하거나 어리석다는 의미

을 씻고, 향온주(香醞酒)²로 다시 태를 깨끗하게 씻었다. 태(胎)는 미리 준비된 태항아리 중 내항아리에 동전과 함께 넣고, 입구를 봉인했다. 이어 내항아리를 외항아리에 넣고, 비어있는 공간을 솜으로 채웠다. 이 과정까지 마치면 태항아리의 입구를 밀봉하게 되는데 이때 감당(甘糖)³ 을 사용했다. 또한 태항아리에 있는 4개의 고리에 붉은색 끈을 묶고 홍패를 달게 된다. 홍패의 전면에는 태주의 생년월일과 생모를 적고, 후면에는 담당 내관과 의관의 이름을 적었다. 아래 홍패를 단 태항아리 사진은 위의 과정까지 마친 모습이다.

이후 외항아리는 큰 항아리에 넣고, 바깥쪽에 근봉(謹封)을 쓴 뒤 봉출이 되기 전까지 다시 길한 방향에 보관했다. 이렇게 세태 의식이 마무리되면 태실지와 길일을 낙점하는 과정을 거치게 된다. 이때 이를 담당한 관서는 관상감(觀象監)⁴으로, 태실지의 낙점과 길일에 관한 의견을 올리게 된다. 『태봉등록』에 기록된 길일은 통상 남아의 경우 5개월, 여아는 3개월이 기준이다. 하지만 어디까지나 기준일 뿐이지 각 태실의 상황에 따라 장태일자는 제각각이다. 때문에 초기 태실의 경우 태실의 조성 시기만으로는 태주를 특정하기가 어려운 것이다. 이처럼 관상감에서 태실지와 길일에 대한 삼망단자(三望單子)를 올리게 되면 최종적으로 왕의 결정을 통해 선택했다.

이렇게 태실지와 길일이 결정되면 본격적으로 태실 조성을 위한 준비에 들어가는데, 이를 담당한 관청은 선공감(繕工監)⁵이다. 조정에서는 태

---

2 향온주(香醞酒): 술의 일종으로 향온국(香醞麴)이라는 누룩을 발효해 만들었다. 세태 의식에서는 물로 씻은 태를 다시 씻을 때 사용되었다.
3 감당(甘糖): 엿이나 꿀 등을 지칭함
4 관상감(觀象監): 조선시대의 관서 중 천문과 지리, 기상 관측, 점산(占算) 등을 담당했다.
5 선공감(繕工監): 조선시대의 관서 중 토목과 건축물의 수리 등을 담당했다.

실지 주변 고을에 태실의 조성과 필요한 인력 및 물자를 할당했으며, 선공감에서는 도로의 수선과 태실 관련 잡물 등을 준비했다. 이러한 준비를 거쳐 태실의 공사가 마무리될 즈음 봉출 의식이 진행되었다. 태(胎)를 태봉에 묻으러 가는 책임자는 안태사(安胎使)로, 흑단령(黑團領)을 차려 입은 뒤 태를 넣은 함을 가마로 옮겨 태실지로 호송했다. 보통은 하루 혹은 이틀 전에 태실지에 도착했고, 이후 길일에 맞추어 태의 안치 및 제례가 이루어졌는데, 그 순서는 다음과

▲ 홍패를 단 태항아리. 이 과정까지 마치면 큰 항아리에 태항아리를 넣고, 봉출 이전까지 길한 방향에 보관하게 된다.

▲ 봉출 의식. 성주 세종대왕자 태실의 태 봉안 행렬을 재현한 모습이다.

같다.

"시역(始役)[6]−개기(開基)[7]−발태(發胎)[8]−봉토(封土)[9]−필역(畢役)[10]"

제례의 경우 태를 안치하기 전 토지신에게 고한 뒤 태실의 보호를 기원하는 고후토제(告后土祭)[11]를 지냈다. 이후 태실이 온전히 조성되면 태신(胎神)에게 태주의 무병장수를 기원하는 태신안위제(胎神安慰祭)[12], 마지막으로 태실의 조성이 끝난 뒤 사후토제(謝后土祭)를 지냈다. 이후 태실비를 세운 뒤 측량을 통해 금표를 세우는 것으로 태실의 조성이 마무리 되었다. 한편 시기에 따라 태실비에 새겨지는 명문은 다르다. 가령 성주 세종대왕자 태실의 경우 비의 전면에 '태주+입비 날짜'가 새겨진 반면 성종 시기에 조성된 태실에서는 비의 전면에 '성별＋아명', 후면에 입비 날짜를 새겼다. 후기로 접어들면 비의 전면에 '출생일＋성별＋장태일', 후면에는 입비 날짜를 새기는 형태로 변화했다.

03 태실의 조성과 함께 세워진 표석[10]

태실의 조성이 마무리되면 태실을 보호하기 위해 거리를 측량해 금표와 화소 등을 설정한 뒤 표석을 세웠다. 이때 세운 표석은 ▶금표(禁標) ▶화

---

6 시역(始役): 공사의 시작을 의미한다.
7 개기(開基): 태실지의 터를 닦는 과정이다.
8 발태(發胎): 태를 봉출, 즉 태실지로 이동하는 과정이다.
9 봉토(封土): 태를 태함에 넣고, 땅에 묻는 과정이다.
10 필역(畢役): 공사의 마침을 의미한다.
11 고후토제(告后土祭): 태실 공사에 앞서 토지신에게 태실을 조성을 고하는 제사, 태실의 보호를 기원하는 의미로, 사후토제 역시 이와 유사한 성격이다.
12 태신안위제(胎神安慰祭): 태실의 조성이 마무리된 뒤 지내는 제사

소(火巢) ▶하마비(下馬碑) 등이다. 금표(禁標)는 어떠한 행위를 금지한다는 의미로, 여기서는 나무의 벌채나 채석, 논이나 밭의 개간 및 가축의 방목 등의 행위를 금지하는 것을 말한다. 이는 금표가 태실을 보호하기 위한

▲ 보은 순조 태실의 금표

▲ 영월 철종 원자 융준 태실의 금표. 뒷면에 함풍구년이월일(咸豊九年二月日)이 새겨져 있어, 1859년(철종 10) 2월에 세워진 것을 알 수 있다.

▲ 보은 순조 태실의 화소

▲ 홍성 순종 태실지의 화소

성격임을 잘 보여준다. 금표의 설정은 앞에서 언급한 것처럼 왕의 태실인 경우 300보, 대군의 경우 200보, 그 밖의 후궁 소생의 왕자나 공주, 옹주의 경우 100보를 기준으로, 사방의 경계에 세웠다. 현재 확인되는 태실 관련 금표의 사례는 보은 순조 태실과 영월 철종 원자 융준 태실이 있다.

화소(火巢)는 산불이 바깥쪽에서 안쪽으로 번지는 것을 막기 위한 것으로, 주로 능이나 태실을 보호하기 위해 조성했다. 이때 화소 구간 내에는 발화 요인이 될 만한 나무와 풀 등 불쏘시개를 제거했는데, 일종의 완충 지대라고 할 수 있다. 화소가 조성되면 경계에 표석을 세웠는데, 『건릉지(健陵誌)』를 보면 건릉(健陵)의 화소 표석이 세람교(細藍橋)와 홍범산(洪範山) 들머리, 하남산(下南山)과 배양치(培養峙) 등에 세웠다고 적고 있다. 현재 보은 순조 태실과 홍성 순종 태실지에 화소 표석이 남아 있다.

하마비(下馬碑)는 보통 궁궐과 왕릉, 향교와 서원 등에 세워지던 비석이

▲ 포천 문조 태실의 하마비

▲ 충주 경종 태실의 하마비

▲ 영천 은해사에 세워진 하마비　　　▲ 보은 법주사에 세워진 하마비

다. 하마비가 세워진 장소에서는 신분의 지위 고하를 막론하고 말에서 내려 걸어가야 했는데, 이를 어길 경우 범마(犯馬)라고 해서 탄핵 및 처벌로이어진 사례도 있다. 이러한 하마비는 태실 자체에 세워진 경우와 태실을수호하는 사찰에 세워진 경우로 구분된다. 전자의 경우 포천 문조 태실과충주 경종 태실의 사례에서 찾을 수 있으며, 후자의 경우 영천 은해사(인종 태실)와 보은 법주사(순조 태실) 등이 있다.

04 **태실의 명칭 이해**

처음 태실에 관한 논문이나 보고서 등을 접하게 되면 태실의 세부 명칭이 어렵게 느껴진다. 특히 용어의 경우 연구하는 학자들마다 다르게 쓰는경우가 있는 데다 평소에 잘 쓰지 않는 한자가 많기에 해당 용어를 이해하지 않으면 태실을 이해하기가 쉽지 않은 것이다. 이 가운데 태실과 관련한 석물의 명칭을 먼저 이해해야 하는데, 크게 태실비와 장태 석물, 태함의 구분을 하는 것이 중요하다. 가장 먼저 태실비는 태실을 조성한 뒤 세우는 비석으로 생각하면 되는데, 왕자 · 왕녀 태실이라면 '태실비＝아기비'의 의미다. 반면 왕의 태실인 경우 태실비는 아기비와 가봉비를 구분해서 봐야 한다. 또한 명종과 선조 태실의 사례처럼 가봉비가 2개인 경우가 있는 이 경우 가봉비와 개건비로 표기하고 있다. 따라서 전체적으로 보면 태실에 세워진 비석은 태실비로 통칭이 되지만, 비의 형태에 따라 세부 명칭은 다르게 불릴 수 있다는 점은 감안해야 한다.

태실은 형태에 따라 석물의 배치가 달라지는데, 아기씨 태실의 경우 땅속에 태함을 묻은 뒤 봉토를 쌓고, 그 앞에 아기비를 세우는 형태다. 반면 가봉 태실의 형태는 태를 묻은 자리에 중앙태석인 사방석(四方石)과 중동석(中童石), 개첨석(蓋簷石)이 있고, 주변부로 전석과 상석을 깐 뒤 연엽주석(蓮葉柱石)과 연엽동자석(蓮葉童子石), 횡죽석(橫竹石)을 두른 형태다. 마치 외형만 보면 왕릉의 축소판처럼 보일 정도로, 보이는데, 장태 석물 앞

▲ 가봉태실(순조 태실), 장태 석물과 가봉비를 추가로 가설했다.

▲ 아기씨 태실(인성군 태실), 태함을 묻은 뒤 봉토를 쌓고, 그 앞에 태실비를 세웠다.

▲ 보은 순조 태실. 장태 석물의 명칭은 사진과 같다.

쪽에 가봉비가 자리하고 있다. 가봉비는 크게 귀롱대석(龜籠臺石)과 비신, 이수의 형태를 보인다. 이러한 가봉 태실의 석물 명칭은『정종대왕태실가봉의궤(正宗大王胎室加封儀軌)』에 있는「난간석조작도(欄干石造作圖)」를 통해 알 수 있다.

아기비

아기비는 보통 태함을 묻은 앞쪽에 세우는 것이 일반적으로, 시기에 따라 형태와 규모는 다르다. 이와 관련해서는 다음 장에서 자세히 설명한다.

▲ 상주 상현리 연산군 원자　　▲ 파주 축현리 태실의 태함　　▲ 예산 화령옹주 태실의 태함
금돌이 태실의 태함

태함

태함은 석함(石函)으로도 불리며, 태를 안치하는 항아리 형태의 석물이다. 외형을 보면 대체로 원통 모양의 몸체인 함신과 덮개인 개석으로 구분된다. 함신에는 배수와 습기 제거를 위한 구멍이 있는 것이 특징으로, 내부에 태항아리와 태지석을 넣고, 개석을 덮는 방식이다. 또한 시기별로 태함의 규모와 외형은 변화를 보이는데, 가령 성종 때부터 명종 시기까지 나타나는 태함의 개석은 마치 원을 반으로 자른 형태를 보인다. 그런데 조선 중기(선조~숙종)부터는 형태적 특징은 유사하나 개석에 4개의 돌기가 돌출되어 있는 것이 특징이다. 반면 조선 후기(영조)에 확인되는 태함은 개석의 끝 부분이 연봉의 보주 혹은 보주가 없는 원통형의 개석 형태가 특징이다. 때문에 이러한 태함의 변화 과정을 통해 태실의 조성 시기를 추정할 수 있는 것이다.

태항아리

아기의 태를 담은 태항아리는 안쪽과 바깥쪽 등 2개의 항아리로 구분

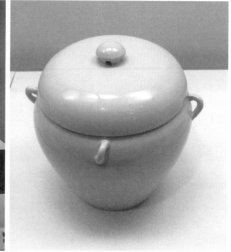

▲ 성주 세종대왕자 태실에서 출토된 태항아리   ▲ 대전 경평군 태실에서 출토된 태항아리

된다. 보통 바깥쪽의 항아리를 외항아리(외호)로, 안쪽의 항아리를 내항
아리(내호)로 부른다. 태항아리는 시기에 따라 재질이 다른데, 태조~대종
시기까지는 도기 형태의 태항아리가 출토되었다. 반면 세종~예종 시기
에는 분청사기 형태의 태항아리가 출토되는데, 주로 조선 초기의 태항아
리에서 확인된다. 하지만 성종 이후로는 백자 형태의 태항아리가 나타나
기 시작하고, 이는 조선 후기까지 계속 이어졌다. 따라서 태항아리의 재
질이나 형태에 따라 대략적인 시기의 구분이 가능한데, 재질에 따른 분류
로 보자면 ▶도기(태조~태종) ▶분청사기(세종~예종) ▶백자(성종~고종) 등으
로 구분할 수 있다. 이 가운데 백자의 경우 태실의 조성 시기에 따라 형태
적 도상의 차이가 있기에 형태와 시기에 따른 세부적인 분류가 필요하다.

중앙태석

① 사방석(四方石): 형태상 중동석을 받치고 있는 석물로, 사방석의 아래에는 태가 안치되어 있다. 시기에 따라 규모가 다른 것을 볼 수 있다.

② 중동석(中童石): 사방석 위에 자리한 둥근 형태의 석물을 말한다.

③ 개첨석(蓋簷石): 중앙태석의 머리에 해당하는 석물을 말한다.

▲ 서산 명종 태실의 중앙태석

전석과 상석

① 전석(磚石): 전석은 연엽주석과 연엽동자석의 받침돌로, 모서리에 있는 석물을 우전석(隅磚石), 일직선으로 된 석물을 면전석(面磚石)으로 부른다. 또한 우전석의 경우 연엽주석을 받치고, 끝이 완만한 삼각형태를 보인다. 반면 면전석의 경우 연엽동자석을 받치고, 끝이 일직선인 것이 특징이다. 이러한 전석의 배치는 '우전석 – 면전석 – 우

▲ 서산 명종 태실의 우전석

▲ 서산 명종 태실의 우상석과 면상석

전석'의 형태인 것을 볼 수 있다.

② 상석(裳石): 상석은 중앙태석 주위를 두른 석물로, 앞선 전석처럼 형태에 따라 우상석(遇裳石)과 면상석(面裳石)으로 불린다.

석난간

① 연엽주석(蓮葉柱石): 연엽주석 혹은 주석은 우전석 위에 올린 석물로, 난간석의 가장 기본적인 석물이다.

② 연엽동자석(蓮葉童子石): 연엽동자석 혹은 동자석은 면전석 위에 올린 석물로, 연엽주석과 연엽주석 사이에 올린 횡죽석을 받치는 역할을 한다.

③ 횡죽석(橫竹石): 앞선 '우전석＝연엽주석'과 '면전석＝연엽동자석'을 세운 뒤 우전석과 우전석 사이에 막대 형태를 두른 것을 횡죽석이라 한다.

▲ 서산 명종 태실의 연엽주석, 연엽동자석, 횡죽석

가봉비

① 귀롱대석(龜籠臺石): 귀롱대 혹은 구롱대석, 귀롱대석 등으로 불리며, 일반적인 비석의 귀부와 유사하다. 주로 거북이와 용의 형태를 보인다.

② 가봉비(加封碑): 가봉비는 귀롱대석과 비신(碑身), 이수(螭首)로 구분이 된다. 비석의 몸체에 해당하는 비신의 전면에는 '주상전하태실' 혹은 '□□대왕태실'이, 후면에는 가봉비를 세운 날짜가 새겨져 있다. 이수는 비의 머리에 해당하며 용이 새겨져 있다.

▲ 서산 명종 태실의 가봉비

▲ 서산 명종 태실의 귀롱대석

05 시기별 아기비의 변화 과정과 태실의 가봉

태실의 형태는 크게 아기씨 태실과 가봉 태실로 구분되는데, 아기씨 태실의 경우 태실비(아기비)의 형태와 조성 시기에 따라 차이를 보이기에 태실의 연대를 파악하는 데 있어 좋은 자료가 된다. 아기비의 전체적인 외형은 비의 몸체이자 비문을 새기는 부분인 비신(碑身)과 비의 받침인 비대(碑臺), 머리에 해당하는 비수(碑首)로 구분된다. 아기비는 시기에 따라 그 외형이 차이를 보이는데, 성종 이전까지는 별도의 머릿돌이 없는 규형이나 원수 등의 형태를 보이는 반면 성종 시기 이후에는 비수 부분은 하엽과 연봉을 올린 형태가 나타난다. 또한 중종 시기부터 비신의 받침인 비대가 나타나기 시작하는데, 그 형태는 연엽과 안상이 새겨진 것이 특징이다. 하지만 철종의 원자 태실이 조성될 무렵에는 아기비가 세워지지 않은 것으로 추정된다. 현재까지 확인된 아기비의 외형을 분석해 보면 다음 표의 형태로 나타난다.

• **아기비의 외형에 따른 구분**

구분		아기비의 형태	유사한 형태의 아기비
A. 초기 아기비의 구분	(1) 성주 세종 대왕자 태실 (규형)	비수의 형태는 상단이 평평하며 끝 부분이 각지는 규형(圭形)의 형태다. 또한 비석의 전면에만 각자가 되어 있다. 조성 시기 : 세종	
	(2) 양평 제안대군 태실	형태적 도상은 (1)과 유사하다. 다만 비석의 전면과 후면 모두에 각자가 새겨져 있다. 조성 시기 : 세조∼성종	• 서울 월산대군 이정 태실 • 파주 정자리 태실
	(3) 원주 대덕리 태실 (원수)	(1)에 비해 비수가 둥그스름한 원수(圓首) 형태의 특징을 보인다. 전면과 후면에 각자를 새겼다. 조성 시기 : 성종	
	(4) 강릉 모전리 왕녀 정복 태실	(1), (2), (3)의 형태와 다른데, 상단에 연봉이 있는 하엽(荷葉)의 형태를 보인다. 또한 비대는 비신과 한 몸인 형태다. 조성 시기 : 성종∼중종	• 광주 원당리 성종 왕녀 태실 • 고양 지축동 태실 • 순천 왕자 수견 태실 • 원주 태장동 왕녀 복란 태실 • 강릉 모전리 왕녀 정복 태실

A－(1) 성주 세종대왕자 태실 (규형)	A－(2) 양평 제안대군 태실	A－(3) 원주 대덕리 태실 (원수)	A－(4) 강릉 모전리 왕녀 정복 태실

B. 상주 상현리 연산군 원자 돈수 태실	A 시기 (4)에서 나타나기 시작한 상단에 연봉이 있는 하엽의 형태로, 비수의 세부 특징은 태실마다 차이가 있다. 또한 비대의 경우도 비신과 한 몸인 형태다. 조성 시기 : 성종~중종	• 광주 원당리 연산군 왕자 돈수 태실 • 부여 의혜공주 태실 등
C. 화성 정숙옹주 태실 (비대+ 비신의 분리)	비수 부분은 B 시기에서 확인되는 상단에 연봉이 있는 하엽의 형태로, 세부 특징은 각 태실마다 차이가 있다. 이 시기부터 비대와 비신이 분리되며, 장방형의 비대에 복련(覆蓮)과 안상이 새겨진 것이 특징이다. 조성 시기 : 중종~숙종	• 영천 인종 태실 • 서산 명종 태실 • 가평 태봉리 영창대군 태실 • 김포 고막리 신성군 태실 • 김포 조강리 인순공주 태실 • 춘천 덕두원 태실 • 원주 산현리 태실 • 화성 정숙옹주 태실 • 부여 명혜공주 태실 • 예산 연령군 태실

표 계속 ▷

B
상주 상현리 연산군
원자 금돌이 태실

C
화성 정숙옹주 태실
(비대+비신의 분리)

구분		아기비의 형태	유사한 형태의 아기비
D. 영조 시기의 아기비	(1) 연천 유촌리 태실	전체적인 형태는 C 시기와 유사하나 비수의 경우 상단에 연봉이 있는 하엽의 형태로, 같은 시기에 조성되었음에도 편차가 큰 편이다. 또한 비대의 경우 이전과 달리 아무런 문양이 새겨지지 않은 장방형의 형태인 것이 특징이다. 조성 시기 : 영조~정조	• 포천 무봉리 태봉 • 안성 성은리 태실 • 예산 화령옹주 태실 • 예천 문효세자 태실 등
	(2) 춘천 용산리 태실		
	(3) 포천 만세교리 태봉		
	(4) 단양 화길옹주 태실		

D – (1)	D – (2)	D – (3)	D – (4)
연천 유촌리 태실	춘천 용산리 태실	포천 만세교리 태봉	단양 화길옹주 태실

〈표-2〉 아기비의 변화 과정

위의 표에서 언급한 것처럼 A 유형은 초기 아기비의 형태로, 성주 세종대왕자 태실에서 확인된다. 이 시기 아기비의 외형은 상단은 평평하고, 끝 부분이 각지는 형태인 규형(圭形)의 형태로, 형태적 도상은 서울 월산대군 이정 태실과 양평 제안대군 태실, 파주 정자리 태실, 안성 배태리 태실 등에서 확인된다. 다만 A-⑴의 경우 아기비의 전면에 각자를 한 반면 A-⑵의 경우 전면에는 태주의 성별+신분, 후면에 비석의 입비시기를 표기했다. A-⑶의 경우 앞선 아기비와 달리 크기와 비수의 형태가 원수(圓首) 형태를 보이는데, 이러한 특징은 원주 대덕리 태실에서 확인된다. A-⑷의 경우 이전과 달리 비수의 형태가 상단에 연봉이 있는 하엽(荷葉)의 형태로, 성종 시기에는 초기 아기비인 A-⑵, A-⑶, A-⑷의 형태가 혼재되어 나타나는 양상을 보인다. 이를 통해 성종 시기는 아기비의 외형의 규격이 명확하게 규정되지 않은 과도기적 시기로 분류할 수 있는데, 아래의 표는 성종 시기의 아기비에서 나타난 비수의 변화를 보여준다.

비수의 변화

△ 파주 정자리 태실 　　　　△ 안성 배태리 태실

△ 원주 대덕리 태실 　　　　△ 강릉 모전리 왕녀 정복 태실

〈표-3〉 성종 시기에 나타난 비수의 변화

성종 시기를 거치면서 아기비의 비수는 기본적으로 상단에 연봉이 있는 하엽(荷葉)[13]의 형태를 보이는데, 이러한 특징은 영조 때까지 이어진다. 다만 형태적 도상에 있어 비수의 세부적 특징은 각각의 태실마다 편차가 있다. 예를 들어 하엽이라고 다 같은 문양이 아니며 상단의 연봉 역시 연봉만 있느냐 염주 형태의 연봉이냐 등의 차이를 보인다. 한편 B 유형의 경우 비대와 비신은 한 몸인 형태가 특징이다. 하지만 C 유형으로 들어서면 B 유형과 달리 장방형의 비대가 나타나고, 비신과 비대가 분리된다. B 유형과 C 유형의 다른 점은 바로 이 부분이다. 중종 시기는 B 유형과 C 유형이 공존하던 시기였다. C 유형의 아기비는 중종을 시작으로 숙종 때까지 조성된 태실에서 확인되는데, 특징 중 가장 눈여겨봐야 할 부분이 바로 비대다. 이들 아기비의 비대는 장방형의 형태로 복련(覆蓮)[14]과 안상(眼象)[15]이 새겨졌다. 반면 D 유형의 경우 장방형의 비대는 아무런 문양이 없는 것이 특징으로, 주로 영조와 정조 때 조성된 아기비에서 확인된다.

비대의 변화

△ 밀양 조선 성종 왕녀 태실   △ 부여 의혜공주 태실비

△ 화성 정숙옹주 태실비   △ 예산 화령옹주 태실비

〈표-4〉 아기비의 비대 형태 변화

이처럼 아기비의 형태는 시기별로 차이를 보이고 있기에 외형의 변화를 통해 대략적인 시기의 구분이 가능하다. 가령 파주 축현리 태실이나 예산 입침리 태실의 경우 태주를 특정할 수 있는 태지석과 태실비가 확인되지 않았다. 다만 태실지에 남아 있는 장방형의 비대에는 복련과 안상이 새겨져 있는데, 이러한 형태적 도상은 C 유형에서 나타나는 특징이다. 따라서 이 경우 조선 중기(중종~숙종)에 조성된 태실로 추정해볼 수 있다.

태실의 가봉

태실 가운데 왕의 태실은 별도의 가봉 절차가 진행되는데, 새로운 왕이 즉위하면 적당한 시기에 대신들이 가봉에 대한 의견을 올리게 된다. 이 때 관상감에서 길일을 올리게 되면 이를 택하는 과정을 거치게 되고, 이후 가봉에 필요한 석재나 인력 등을 동원해 가봉 절차가 이루어진다. 가봉된 태실의 외형은 마치 왕릉을 연상시키는데, 바닥에 전석과 상석을 깐 뒤 전석 위로 난간석과 동자석, 횡죽석을 둘러 석난간을 만들었다. 또한 가운데는 중앙태석을 두었으며, 장태 석물의 앞쪽에 가봉비를 세웠는데, 아기비와 달리 귀롱대석(龜籠臺石)[16]과 비신, 이수의 형태로 웅장한 느낌을 주기에 손색이 없다. 또한 가봉비에 새기는 명문 역시 규정이 되어 있는데,『일성록』을 보면 다음과 같은 내용이 있다.

　　　　"열성조(列聖朝)에서는 어극(御極)한 뒤에 가봉을 하게 되면 앞면에

13　하엽(荷葉): 연꽃 문양을 말한다.

14　복련(覆蓮): 연꽃이 아래로 향한 모습으로, 주로 탑이나 부도에서 많이 나타난다.

15　안상(眼象): 원형 혹은 장방형의 형태로 파낸 조각이다. 안상과 관련해 코끼리의 눈처럼 생겼다고 보기도 하며, 상(床)의 다리 문양으로 보기도 하지만 확실치는 않다. 주로 탑이나 부도, 비석 등에서 확인되는 문양이다.

16　『정종대왕태실가봉의궤』에서는 해당 석물의 이름을 귀롱대석(龜龍臺石)이라 부르고 있다.

'주상전하 태실(主上殿下胎室)'이라고 쓰고, 추봉(追封)한 뒤이면 묘호(廟號)로 '□□대왕 태실(□□大王胎室)'로 쓰며, 뒷면에는 연호(年號), 몇 년, 몇 월, 며칠을 써넣었습니다.'[11]

– 『일성록』 정조 9년 을사(1785) 1월 25일 중

▲ 화성 정숙옹주 태실비에 새겨진 만력(萬曆)

위의 기사에서 볼 수 있듯 가봉비의 명문은 태주인 왕이 즉위한 이후 생전에 자신의 태실을 가봉할 경우 가봉비의 전면에 '주상전하태실(主上殿下胎室)'을 새겼다. 반면 왕이 승하한 뒤에 태실이 가봉될 경우 묘호(廟號)[17]를 썼다. 가봉비의 후면에는 비를 세운 날짜가 새겨지는데, 이때 연대의 중요한 근거가 되는 것이 연호(年號)다. 조선시대에 사용된 연호는 병자호란 직전까지는 명나라의 연호를 사용했다. 하지만 명나라가 망한 뒤에는 겉으로는 청나라의 연호를 사용하면서도 동시에 명나라의 연호인 숭정기원후(崇禎紀元後)를 사용하기도 했다.

한편 태실의 가봉은 아기씨 태실의 조성 과정과 크게 다르지 않다. 다만 아기씨 태

▲ 부여 선조 태실비(개건비)에 새겨진 숭정기원후(崇禎紀元後)

---

17 묘호(廟號): 왕의 시호. 우리가 부르는 왕의 명칭인 세종(世宗)이나 정조(正祖)가 묘호다. 왕이 승하할 경우 다음 왕에 의해 묘호가 정해졌다. 종묘에 부묘할 때 묘호를 붙이게 된다.

실과 달리 가봉 태실의 경우 가봉비를 비롯해 장태 석물 등 석재의 사용이 많았다. 따라서 사용할 석재를 구한 뒤 이를 태실지까지 가져가는 것이 관건이었고, 필연적으로 많은 인력이 필요할 수밖에 없었다. 때문에 석재는 가급적 태실지와 가까운 곳에서 찾았다. 이러한 이유로 태실의 가봉은 왕이 하고 싶다고 바로 하는 것이 아니라 때를 잘 만나야 했다. 즉 백성들의 수고로움을 덜기 위해 농번기를 피해야 했고, 천재지변이나 흉년, 역병 등이 있을 때도 할 수가 없었다. 『조선왕조실록』이나 『태봉등록』 등을 보면 태실의 가봉이나 수개 등이 연기되는 것도 바로 이 때문이었다.

아래는 현재까지 확인된 전국의 가봉 태실 현황을 표로 정리한 것이다.

• 가봉 태실의 현황[18]

순번	지역	태실	아기비	가봉비	장태 석물	태실수
1	경기도	광주[19] 성종 태실	–	●	●	3
		가평 중종 태실	●	●	●	
		포천 문조 태실	–	●	●	
2	강원도	영월 정조 태실	●	●	●	1
3	충청북도	충주 경종 태실	●	●	●	3
		청주 영조 태실	●	●	●	
		보은 순조 태실	–	●	●	
4	충청남도	공주 숙종 태실	●	●	●	6
		서산 명종 태실	●	●	●	
		예산 헌종 태실	–	●	●	
		예산 헌종 태실	●	–	–	
		금산 태조 태실	–	●	●	
		부여 선조 태실	–	●	–	
5	전라북도	완주[20] 예종 태실	–	●	●	1

표 계속 ▷

순번	지역	태실	아기비	가봉비	장태석물	태실수
6	대구광역시	대구 광해군 태실	●	●	●	1
7	경상북도	김천 정종 태실	–	–	●	9
		예천 문종 태실	–	●	●	
		예천 장조 태실	–	●	●	
		예천 폐비 윤씨 태실	–	●	–	
		영주 소헌왕후 태실	–	–	●	
		성주 태종 태실	–	●	●	
		성주 단종 태실	●	–	●	
		성주 세조 태실	●	●	●	
		영천 인종 태실	–	●	●	
8	경상남도	사천 세종 태실	–	●	●	2
		사천 傳 단종 태실[21]	–	●	●	

〈표-5〉 가봉 태실의 현황

여기서 잠깐! 태봉(胎封)과 태봉(胎峰)의 차이는?

　태실(胎室)을 태봉(胎封 또는 胎峰)으로 부르는 경우가 있는데 가평 중종대왕 태봉이나 포천 만세교리 태봉 등이 대표적이다. 그런데 태봉도 어떤 봉을 쓰느냐에 따라 태봉의 의미가 다르게 해석되기도 한다. 우선 봉우

18　장태 석물의 경우 전체가 아닌 일부라도 남아 있는 경우에 한해 표기를 했다. 가령 홍성 순종 태실의 경우 가봉 하지 않았을 가능성이 높기 때문에 해당 표에서는 제외했다.

19　성종의 태실은 경기도 광주시 태전동에 있었으나 일제강점기 때 지금의 서삼릉으로 태실이 이봉되었고, 가봉비와 장태 석물은 창경궁으로 옮겨졌다. 해당 표에서는 원소재지를 기준으로 위치를 표기한다.

20　예종의 태실은 전라도 완주군 구이면 원덕리에 있었으나 일제강점기 때 지금의 서삼릉으로 태실이 이봉되었고, 이후 가봉비와 장태 석물은 경기전으로 옮겨졌다. 해당 표에서는 원소재지를 기준으로 위치를 표기한다.

21　단종 태실의 경우 가봉 태실 석물이 성주와 사천 두 곳에서 확인이 된다. 자세한 내용은 후술할 단종 태실 편을 참고하면 된다.

리 봉(峰)을 쓸 경우 태를 묻은 봉우리라는 뜻의 태봉(胎峰)이 된다. 하지만 봉할 봉(封)을 쓰는 경우도 있는데, 이때는 두 가지의 관점에서 해석할 수 있다. 우선 태실에 대한 별도의 가봉이 있었다는 의미로, 가평 중종대왕 태봉의 명칭에서 보듯 이때의 태봉(胎封)은 태실이 가봉된 태주, 즉 왕의 태실을 지칭하는 것으로 해석할 수 있다. 반면 봉(封)을 안태 의식과 관련이 있는 것으로 생각할 수 있는데, 실제 왕의 태실이 아님에도 태봉(胎封)이라 불리는 사례가 있다. 이 경우 태봉은 태실을 조성하는 안태 의식 자체를 의미하는 것으로 판단된다.

06 태실에 대한 백성들의 인식

태실의 가봉이 이루어질 경우 전례에 따라 해당 지역은 승격이 이루어졌다. 하지만 태실을 바라보는 백성들의 시각은 미묘했다. 즉 태실이 들어오면서 지역의 중요성은 커졌지만 백성들의 입장에서는 태실 공사에 따른 부역과 태실 조성 이후 금표의 설정에 따른 재산권의 침해가 따를 수밖에 없었다. 실제『중종실록』을 보면 원자의 태실을 정하는 과정에서 "집도 없고, 전지도 없는 곳을 잡는다면 백성에게 억울한 일은 없을 것입니다."라는 내용을 볼 수 있다. 또한 장령 권벌(權橃)이 원자의 태실을 안태

▲ 문경 황장산 봉산 표석. 황장목을 보호하기 위해 봉산(封山)으로 지정되었음을 알 수 있다.

▲ 구례 내동리 진목봉계, 율목계 금표. 바위에 새겨진 이상진목봉계(以上眞木封界), 이하율목계(以下栗木封界)

▲ 대구 수릉 봉산계 표석. 수릉의 제사에 쓸 숯과 향의 재료가 되는 향탄목의 보호를 위해 향탄봉산(香炭封山)으로 지정되었음을 보여준다.

할 장소를 찾기 위해 경산으로 내려갔을 때 안태할 장소 주변의 집과 전지를 가진 백성들이 울부짖었다고 이야기하고 있다.[12] 즉 태실 주변으로 집이나 전지가 있으면 철거를 피하지 못했기에 태실에 대한 백성들의 시각이 그리 좋지 못했음을 알 수 있는 것이다.

금표 내에서는 나무의 벌재가 금지되었는데, 문제는 이러한 금표의 사례가 능이나 태실에만 있었던 것이 아니라는 점이다. 왕실의 경우 필요한 나무의 공급을 위해 봉산(封山) 제도를 운용했다. 가령 신주(神主)[22]와 궤의 재료가 되는 밤나무를 보호하기 위한 율목봉산(栗木封山)의 사례와 왕과 왕비가 쓰는 관인 재궁(梓宮)과 궁궐을 만드는 데 중요한 재료인 황장목을 보호하기 위한 황장봉산(黃腸封山)의 사례, 왕실의 제사에 쓸 숯과 향의 재료가 되는 향탄목을 보호하기 위해 향탄봉산(香炭封山)으로 지정한 사례 등이 대표적이다. 따라서 태실의 조성과 금표의 설정은 백성들에게 한층

---

22 신주(神主): 죽은 사람의 위(位)를 모신 패. 조선왕실의 경우 왕의 장례가 끝나면 신주를 종묘에 부묘했는데, 이때 신주의 재질이 밤나무였다.

부담을 주었으며, 이로 인해 금표 내 벌채와 채석, 개간과 방목 등의 행위가 문제가 되기도 했다. 한편『성종실록』을 보면 당시 조정에서는 각 도의 관찰사들에게 산과 들의 화재를 철저하게 감시할 것을 지시한 것을 알 수 있는데, 이는 백성들이 산과 들에 불을 놓아 능이나 태실로 번지는 것을 막기 위한 조치였다.[13] 이와 관련해 태실의 방화나 훼손과 관련한 기사가 빈번하게 확인이 되는데, 실제『조선왕조실록』이나『태봉등록』등의 기록을 보면 백성들에 의한 태실의 훼손 사례가 다음과 같이 보고되고 있다.

"도적이 명종의 태봉(胎封)을 허물었다. 이 태봉은 서산(瑞山)에 있는데 간악한 백성이 군수를 해치려고 하여 태실(胎室)의 돌난간을 깨뜨렸다."[14]

－『선조수정실록』권9 선조 8년(1575) 11월 1일 중

"진산군(珍山郡)의 태조(太祖)의 태실(胎室)이 공주(公州) 경계에 있는데, 간사한 백성이 함부로 이 땅을 경작하고 나무를 베었으므로, 양호(兩湖)의 도신(道臣)으로 하여금 이를 중하게 다스려서 금단(禁斷)하게 하였다."[15]

－『숙종실록』권15 숙종 10년(1684) 8월 29일 중

이처럼 태실에 대한 훼손이 있으면 조정에서는 그 책임을 엄중하게 물었는데, 실화 및 훼손의 당사자를 엄벌하는 것은 물론 대처를 잘하지 못한 지방관을 파직시켰다.

"영천(永川)에 사는 산지기 김성문(金性文)과 박만수(朴萬壽) 등이 세자(世子)의 태실(胎室)을 삼가 수직(守直)하지 못하여 실화(失火)

한 죄로 장 일백(杖一百)을 받았고, 군수 허증(許增)은 삼가 구검하지 못하여 실화한 죄로 장 칠십(杖七十)에 처하고 수속(收贖)하게 하였다. 이는 모두 소방(疏放) 전의 일이었다."[16]

－『중종실록』 권65 중종 24년(1529) 7월 14일 중

반대로 태실을 보호하는 데 앞장선 이들에게는 포상을 내렸다.『태봉등록』에는 1643년(인조 21) 4월 초5일에 성주목사 송흥주(宋興周)가 세종대왕 태봉[23]의 화소(火巢) 실화 사건이 있었다며 장계를 올린 기록이 있다. 이후 7월 27일에 태봉 실화 당시 불을 끈 승려 나헌(懶軒)을 비롯한 승려 6명에 대해 베 1필과 쌀 2말을 포상으로 내리고, 승역(僧役)을 감면해 준 뒤 태봉을 지키는 수직(守直)으로 삼았다.[17]

한편 태실의 조성과 수개 과정에서 백성들은 부역에 동원되어야 했는데, 부역 자체도 고역이었지만 태실 조성 과정에서 석재를 옮기다 백성들의 논과 밭이 손상되기도 했다. 이 때문에 백성들의 불만이 높아지지 않게 금전적인 보상을 해주거나 혹은 부역을 면제해주는 방식으로 위로했다. 따라서 태실을 바라보는 백성들의 시각이 결코 우호적이었다고 말하기 어렵다. 그런데 이러한 문제는 비단 백성뿐만이 아닌 관리들도 인식했던 것으로 보인다.『연려실기술』을 보면 이이의『석담일기』를 인용, 민생을 도외시한 채 태실 공사에만 매달리는 행태에 대해 비판했다.

"이때 백성들이 굶주려서 돌을 운반하기에 매우 피로하였으니 한 임금의 태를 묻는데 그 해(害)가 삼도(三道)에 두루 미쳤다. <중략>

---

23 『태봉등록』에 기록된 세종대왕 태봉은 선석산에 있는 성주 세종대왕자 태실을 말한다.

… 이 흉년에 민생이 도탄 중에 있는 때를 당하여 대신과 대간들이 임금을 도와 백성을 구제하는 데 급급하지 아니하고, 바르지 못한 말에 미혹해서 여러 번 성태(聖胎)를 옮겨서 3도의 민력(民力)을 다 하고도 구휼하지 않음은 무엇 때문인가. 산릉의 자리를 가려서 정하는 것이 태를 묻는 것보다 중한데도 오히려 고장(古藏)을 피하지 않고 남의 분묘(墳墓)까지 파내는데, 태를 묻는 데는 오히려 옛 자리를 피하는 것은 무슨 까닭인가. 또 국내의 산은 다만 정한 수가 있고 역대는 무궁하니 한 번 쓴 곳은 다시 쓰지 못한다면 다른 나라에 구할 것인가. 그것을 계속할 도리가 없음이 명백하다.”[18]

– 『연려실기술』별집 제2권 사전전고(祀典典故), 장태(藏胎) 중

　기록에 등장하는 성태(聖胎)는 선조의 태실로, 선조가 왕위에 오른 뒤 최초 잠저에 있던 태를 찾아 춘천에 태실을 조성했다. 그런데 이 과정에서 과거 누군가 태를 묻었던 자리인 것이 확인되면서 공사는 중단이 되고, 임천군(林川郡)으로 옮겨 태실을 조성했다. 이이가 문제를 제기한 것은 바로 이 지점이다. 가뜩이나 나라의 흉년이 들어 민생은 도탄에 빠졌는데, 누군가 태를 묻은 장소라는 이유로, 공사를 취소하고 다른 곳에 태실을 조성하는 것에 대한 문제 제기였다. 즉 태실 공사에 공력이 집중되어 정작 백성들의 구휼에 나서지 못하는 상황을 비판한 것이다. 이 같은 인식은 사관들이 남긴 태봉에 대한 의견에서도 찾을 수 있다.

“안태(安胎)하는 제도는 고례(古禮)에는 보이지 않는데, 우리나라에서는 반드시 들판 가운데의 둥근 봉우리를 선택하여 그 위에다가 태를 묻어 보관하고 태봉(胎峰)이라고 하였다. 그리고 그곳에 표식을 하여 농사를 짓거나 나무를 하는 것을 금지하기를 원릉(園

陵)의 제도와 같이 하였다. 성상에서부터 왕자와 공주에 이르기까지 모두 태봉이 있었으니, 이러한 우리나라 풍속의 폐단에 대해서 식견 있는 자들은 병통으로 여겼다.[19]

–『현종개수실록』 권22 현종 11년(1670) 3월 19일 중

이러한 인식이 있었기에 영조는 자신의 가봉 태실을 조성할 때 석물의 크기를 줄이고자 했고, 을유년(1765)의 하교를 통해 창덕궁 후원에 태실을 조성할 것을 명했다. 이는 태실의 조성에 따른 백성들의 고충과 폐해를 줄이기 위한 조치였던 셈이다.

여기서 잠깐! 전국에 산재해 있던 태실이 서삼릉으로 이봉된 이유는?

조선이 유지되는 동안 태실은 엄격하게 관리되었다. 하지만 경술국치(庚

▲ 고양 서삼릉 태실 경내로 옮겨진 태실

戌國恥, 1910.8.29) 이후 문제가 되기 시작했다. 나라가 망한 마당에 누가 태실에 관해 관심을 가지겠는가? 이처럼 태실의 관리가 안 되다 보니 도굴된다거나 심지어 태봉에 몰래 시신을 암장하는 등의 문제가 발생했다. 당시 『매일신보』의 기사를 보면 29곳의 태봉 중 8곳에서 암장한 시신이 나왔다고 한다.[20] 또한

▲ 후면에 있는 파인 자국은 당시 연호인 소화오년(昭和五年, 1930)을 인위적으로 훼손한 흔적이다.

방치된 태실에 대한 도굴이 자행되는 등 태실의 훼손이 빈번하게 발생했는데, 이는 조선 왕조가 유지되었다면 있을 수가 없는 일이다. 이렇게 태실에 대한 관리가 제대로 되지 않으면서, 이왕직(李王職)에서는 태의 훼손을 우려했고, 이에 예식과 소속의 전사(典祀)들을 보내 전국에 흩어져 있던 태실을 한 곳으로 모으게 했다. 1928년부터 시작된 태실의 이봉 과정에서 경성 수창동 이왕직 봉상시(奉常寺)에 봉안실을 신축해 임시로 봉안했고, 1930년 4월 15일~17일에 서삼릉으로 옮겨 봉안했다. 이후 이구·이진·영산군·의혜공주·경평군 태실 등을 이봉했고, 그 결과 현재 서삼릉에는 54위의 태실(왕: 22위 왕자·왕녀:32위)이 자리하고 있다.[21] 풍수지리를 기반으로 길지에 태실을 조성했던 맥락을 고려할 때 이는 사실상 훼손에 가까운 만행이었다. 이처럼 태실이 이봉된 뒤 기존 태실지의 상당수는 민간에 팔려 나가게 된다. 이 때문에 태실지에 분묘가 들어서게 되고, 태실 관련 석물은 묻히거나 유실되는 등 제자리를 잃어버리게 되는데, 책에서 소개할 상당수의 태실이 이 같은 사연을 가지고 있다.

왕의 태실, 그 역사의 현장

01 태조 태실

태조(太祖, 재위 1392~1398)의 태실은 조선이 건국된 뒤 처음 조성된 태실이었기에 후대의 표준이 된 태실이다. 태조의 태실지는 충청남도 금산군 추부면 마전리 산4번지로, 현재 태실지에는 분묘기 들어선 상태이다. 때문에 태실 관련 석물은 마전리 산1번지로 옮겨져 복원되어 있다. 『정조실록』에 기록된 열성조의 태봉 위치를 보면 태조의 태실은 진산(珍山) 만인산(萬仞山)에 있다고 적고 있다.[22] 또한 『태조실록』에는 태실의 조성 과정이 비교적 상세히 기록되어 있다. 조선 건국 이후 태조의 태실을 조성하기 위해 태실증고사(胎室證考使) 권중화(權仲和)로 하여금 안태할 땅을 물색하게 했다. 이에 권중화는 "전라도 진동현에서 길지를 살펴 찾았습니다." 라며 산수형세도(山水形勢圖)를 바쳤다.[23] 이후 진동현이 태실지로 낙점되면서 태조의 태실이 조성되었고, 훗날 태종 때 진동현(珍同縣)은 진산군(珍山郡)으로 승격되었다.[24]

▲ 태조 태실의 전경　　　　　　　　　　　　▲ 가봉비

　　이후에도 태조 태실은 여러 번의 개수를 거쳤는데, 이는 가봉비의 명문을 통해 알 수 있다. 태조 태실의 석물은 크게 가봉비와 장태 석물 등으로 구분되는데, 이중 가봉비의 경우 전면에 '태조대왕태실(太祖大王胎室)', 후면에는 '강희이십팔년삼월이십구일중건(康熙二十八年三月二十九日重建)'이 새겨져 있다. 이는 『태봉등록』에 기록된 개수 기록과 일치하는데, 강희 28년인 1689년(숙종 15) 정월 22일에 예조에서 태실 석물이 파손된 곳이 많아 개수가 필요하다는 상소가 올라오게 된다. 이에 관상감에서는 돌난간과 주석, 죽석, 비석 등의 보수와 관련한 길일을 택해 올렸다. 그 결과 3월 29일 묘시(卯時)로 낙점되었고, 3월 17일 진시(辰時)에 공사가 시작되었다. 선공감 제조 예조판서 이관징(李觀徵)과 관상감 제조 이조참판 유하익(兪夏益)이 올린 장계를 통해 석물 가운데 쓸 수 있는 석물은 재활용하고, 일부 석재만 교체하는 방식으로 진행했다. 이를 통해 난간주석 8개, 죽석 8개, 모퉁이 벽돌 8개와 비석을 교체했으며, 개첨석과 중대석, 귀대석 등을 재활용한 결과 현 태조 태실의 모습이 만들어졌다. 한편 개수가 끝난

▲ 태조 태실의 장태 석물　　　　　　　　▲ 중앙태석

▲ 태조고황제 태실비(서삼릉), 전면: 태조
고황제태실(太祖高皇帝胎室), 후면: □□□
년오월/자전북금산군추부면이봉(□□□
年五月/自全北錦山郡秋富面移封)

뒤 기존의 태실 관련 석물은 태실 뒤에 묻었으며, 옛 비석의 경우 태실의 오른쪽 5보 거리에 묻었다고 한다.[25]

　태조의 태실은 충청남도 유형문화재 제131호로, 금산군에서 보물 승격을 추진하고 있으나 실제 승격은 이루어지지 못하고 있다. 가장 큰 이유는 복원된 태조 태실의 위치가 원위치가 아니기 때문이다. 이는 일제강점기 당시 서삼릉으로 태실이 이봉된 이후 기존 태실지가 민간에 팔려 분묘가 들어선 것이 결정적이었다. 그렇기에 기존 태조 태실지의 토지 매입과 매안했던 석물의 발굴, 태실의 이전 등의 노력이 필요한 것이다. 한편 태조의 태실은 조선 건국 이후 최초로 조성된 태실이라는 상징성과 태실의 조성 및 개수 과정을 잘 보여준다는 점에서 주목된다. 이와 함께 태조의 태실이 이봉되는 과정에서 도기 형태의 태항아리가 출토되었다.

02 정종 태실

정종(定宗, 재위 1398~1400)의 태실은 경상북도 김천시 대항면 운수리 산 84-3번지로, 김천 직지사(直指寺) 대웅전(大雄殿) 뒤에 있는 태봉산의 정상에 있었다. 현재 정종의 태실지에는 연엽주석과 우전석, 횡죽석의 파편 등 석물이 일부 흩어진 채 남아 있으며, 직지사 경내로 중앙태석을 비롯해 연엽주석 등이 옮겨져 있다. 『정종실록』에는 정종이 왕위에 오른 뒤 여흥백(驪興伯) 민제(閔霽)를 충청도와 전라도, 경상도로 보내 안태할 땅을 물색하게 했다. 이후 1399년(정종 1) 4월 5일에 중추원사(中樞院事) 조진(趙珍)을 보내어 금산현에 정종의 태실을 조성하고, 금산을 군으로 승격시켰다.

또한 『세종실록』 지리지에는 "공정왕[24] 원년 기묘에 어태를 현 서쪽 10리 되는 황악산에 안치하고 지군사로 승격시켰다"고 적고 있으며, 『정조실록』에는 정종의 태실이 금산(金山) 직지사(直持寺) 뒤에 있다고 기록하고 있다.

정종 태실은 일부 석물의 망실이 있지만, 그럼에도 중앙태석을 비롯해 연엽주석, 전석 등 주요 석물의 원형이 잘 남아 있다. 또한 직지사 성보

---

24 공정왕(恭靖王)은 명나라가 하사한 시호로, 숙종 대 정종의 묘호를 받기 전까지 불린 이름이다. 보통 공정왕 혹은 공정대왕(恭靖大王)으로 불렸다.

▲ 정종 태실지, 태실 관련 석물이 일부 남아 있다.

▲ 태실지에 방치된 연엽주석(좌)과 우전석(우)

▲ 성보박물관의 야외에 전시된 연엽주석. 형태가 다른 것은 신·구석물이기 때문이다.

▲ 직지사 경내로 옮겨진 중앙태석

▲ 태실석물중수정공욱제불망비(胎室石物
重修鄭公旭濟不忘碑)

박물관의 야외에는 정종의 태실을 개
수한 뒤 세운 '태실석물중수정공욱제
불망비(胎室石物重修鄭公旭濟不忘碑)'가 있
다. 해당 불망비는 정종 태실을 중수할
때 금전적으로 크게 기여를 했던 정욱
제(鄭旭濟)를 기리기 위한 비석으로, 주
명문의 좌우에는 '우세풍타(雨洗風打)/
석란퇴비(石欄頹圮)/독판천화(獨辦千貨)/
비충갈위(非忠曷爲)/갑술십월일립(甲戌十
月日立)'이 새겨져 있다. 이를 통해 비와
바람에 태실의 석란(石欄, 석난간)이 훼
손되자 갑술년 10월에 정욱제가 금전
적 기여를 해서 태실의 중수(重修)가 이

▲ 정종대왕 태실비(서삼릉), 전면: 정종대
왕태실(定宗大王胎室), 후면: □□□년오
월/자경북김천군대항면이봉(□□□年五
月/自慶北金泉郡垈項面移封)

루어진 것을 알 수 있어 정종 태실을 이해하는 데 좋은 자료가 된다. 한편 정종의 태실이 이봉되는 과정에서 도기 형태의 태항아리가 출토되었다.

정종 태실의 수호사찰인 직지사

직지사(直指寺)는 정종의 태실 수호사찰로,『일성록』을 보면 직지사 승통의 첩보를 보고하면서, 직지사가 정종공정대왕(定宗恭靖大王)의 태실(胎室)을 봉안하고 수호하는 사찰이라고 말하고 있다. 이때 직지사가 쇠락하자 직지사 승통은 직지사는 정종 태실의 수호사찰로 어필(御筆)이 봉안된 특별한 곳이라며, 직지사를 다시 일으키기 위해 승첩 800장을 내려 달라고 요청했다. 하지만 비변사에서 승첩 800장은 너무 과하다며 100장으로 조정했고, 이를 정조가 윤허하면서 시행되기도 했다.[26]

▲ 직지사(直指寺), 대웅전 뒤쪽에 있는 태봉이 정종의 태실지다.

03 태종 태실

　태종(太宗, 재위 1400~1418)의 태실은 경상북도 성주군 용암면 대봉리 산 65번지로, 현재 태실지에는 분묘가 들어서 있어 태실과 관련한 흔적은 찾기가 어렵다. 과거에는 분묘 주변으로 태실 관련 석물이 방치된 채 흩어져 있었으나 지난 2015년 성주군청에서 태실 석물을 수습해 현재 수장고로 옮겨 보관하고 있다. 『태종실록』을 보면 여흥부원군(驪興府院君) 민제(閔霽)를 안태사(安胎使)[25]로 삼아, 경산부(京山府) 조곡산(祖谷山)에 태를 봉했다. 이때 민제는 직접 함주(咸州)로 가서 태종의 태를 찾아 조곡산으로

▲ 성주 태종 태실지. 분묘가 들어섰으며, 지금은 태실 관련 흔적을 찾기 어렵다.

25　안태사(安胎使): 안태는 태를 태봉으로 옮긴 뒤 태실을 조성하는 과정으로, 안태사는 이를 담당했던 관리다.

▲ 2015년 석물 수습 전 태종 태실지 ⓒ 성주군청

▲ 태종 태실의 석물 중 난간주석
ⓒ 성주군청

▲ 개첨석
ⓒ 성주군청

▲ 태함의 개석
ⓒ 성주군청

이동했다.[27] 함주는 지금의 함흥(咸興)으로, 이성계의 지지 기반인 동북면 (함경도)에 속했던 곳이다. 즉 태종이 태어났을 때는 조선이 건국되기 이전 으로 민간의 풍습에 따라 태를 처리했고, 건국 이후 민제가 태종의 태를 다시 찾은 것을 보면 매태(埋胎) 방식으로 보관했음을 알 수 있다.

『세종실록』지리지를 보면 태종의 어태를 조곡산에 안장한 결과 성주목(星州牧)으로 승격되었음을 알 수 있다.[28] 『신증동국여지승람』에도 조곡산과 관련한 기록이 있는데, "주 남쪽 35리에 있다. 태종의 태를 봉안하였다."고 적고 있다.[29] 이와 함께 『정조실록』에는 태종의 태실이 성산(星山) 조곡산으로 기록되어 있다. 또한 『경상도읍지』「성주목읍지」에는 태종 태실의 수호사찰인 태봉사(胎峰寺)가 조곡산에 있는 것으로 확인되는데, 이때도 이미 터만 남아 있었다고 한다. 지난 2012년 태종 태실에 대한 지표 조사에서 절골로 불리는 일

▲ 태종대왕 태실비(서삼릉), 전면: 태종대왕태실(太宗大王胎室), 후면: □□□년오월/자경북성주군성암면이봉(□□□年五月/自慶北星州郡聖岩面移封)

대에서 분청자 편과 백자 편, 기와 편 등이 출토되어 태봉사지로 추정한 바 있다.[30] 한편 태종의 태실이 이봉되는 과정에서 도기 형태의 태항아리가 출토되었다. 또한 『태봉』에는 태종 태실의 장태 석물을 스케치한 실측도가 남아 있어 태종 태실을 이해하는 데 있어 좋은 자료가 된다.

04 세종 태실

세종(世宗, 재위 1418~1450)의 태실은 경상남도 사천시 곤명면 은사리 산27번지로, 현재 태실지는 분묘가 들어섰고, 태실 석물은 산 아래로 옮겨져 있다. 『정조실록』에는 세종의 태실이 곤양(昆陽) 소곡산(所谷山)에 있다

▲ 세종 태실의 석물

▲ 가봉비

▲ 연엽주석

▲ 전석

고 적고 있다. 『세종실록』에는 1418년(세종 즉위년)에 태 봉안을 위한 태실
도감(胎室都監)의 설치한 뒤 태실지를 찾기 위해 전 대제학(大提學) 정이오
(鄭以吾)를 태실증고사(胎室證考使)로 파견했다. 정이오는 진주의 속현에 있
는 곤명에서 길지를 찾아 태실산도를 그린 뒤 이를 바쳤다. 11월 5일 서
원부원군(西原府院君) 한상경(韓尙敬)으로 하여금 안태사(安胎使)를 대신하게

하는 한편 예조에서는 본격적으로 기존의 태실을 진주로 옮겨 봉안하는 절차를 밟게 된다. 이 과정에서 세종은 태를 받들고 가는 권규(權珪)에게 모의(毛衣)와 모관(毛冠)[26]을 내려주기도 했다. 그렇게 세종의 태실이 조성되면서 진주의 속현이던 곤명은 남해현과 합쳐 별도의 곤남군(昆南郡)으로 승격되었다.

이후 세종의 태실의 난간석이 일부 훼손이 되는 등 태실 개수에 대한 의논을 거쳐 1734년(영조 10)에 개수가 이루어졌다. 가봉비의 전면에는 '세종대왕태실(世宗大王胎室)', 후면에는 '숭정기원후일백칠년갑인구월초오일건(崇禎紀元後一百七年甲寅九月初五日建)'이 새겨져 있다. 이를 통해 숭정기원후[27] 107년인 1734년(영조 10) 9월 초5일에 개수한 것임을 알 수 있는데, 『태봉등록』에 당시의 개수 관련 기록이 잘 남아 있다. 한편 세종의 태실이 이봉되는 과정에서 태지석과 도기와 청자, 백자 형태의 태항아리가 출토되었다. 이 과정에서 태

▲ 세종대왕 태실비(서삼릉), 전면: 세종대왕태실(世宗大王胎室), 후면: □□□년오월/자경남사천군곤명면이봉(□□□年五月/自慶南泗川郡昆明面移封)

실지는 민간에 팔린 뒤 분묘가 조성되었는데, 제자리를 잃어버린 세종의

---

26 모의(毛衣)는 털옷을, 모관(毛冠)은 털모자를 의미한다.

27 숭정기원후(崇禎紀元後): 숭정(崇禎)은 명나라의 마지막 황제인 의종(毅宗)의 연호로, 연호를 따서 숭정제로도 불린다. 숭정의 시작은 숭정제가 황제에 오른 1628년이 기준이다. 조선에서는 명나라가 망한 뒤에도 공식·비공식적으로 숭정기원후의 연호가 사용되었다.

태실은 보는 이로 하여금 안타까움을 자아내게 한다.

05 문종 태실

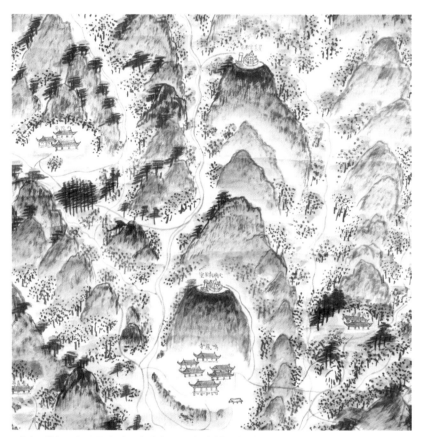

▲ 『장조태봉도』 속 문종과 장조의 태실. 문종의 태실은 명봉사 뒤쪽 봉우리에 있다. ⓒ 한국학중앙연구원 장서각

　문종(文宗, 재위 1450~1452)의 태실은 명봉사 대웅전 뒤쪽 봉우리의 정상에 있다. 이는 『정조실록』에 기록된 풍기(豊基) 명봉사(鳴鳳寺) 뒤에 있다

는 내용과 일치하고 있으며, 『장조태봉도』에 그려진 문종의 태실 위치와
도 일치한다. 과거에는 문종 태실의 흔적은 명봉사 경내에 있던 가봉비가
유일했는데, 지금은 발굴 조사를 거쳐 태실의 복원이 이루어졌다. 이 가
운데 복원된 문종 태실의 장태 석물 중 연엽주석에 '1937년 예천읍 승격'
이 새겨져 있다. 해당 연엽주석은 예천읍행정복지센터[28]에 있었는데, 문

▲ 가봉비

▲ 예천 명봉사 뒤쪽 태봉에 자리한 문종의 태실

▲ 연엽주석에 새겨진 '1937년 예천읍 승격'

▲ 복원된 문종 태실의 장태 석물과 중앙태석

▲ 예천읍행정복지센터와 연엽주석(복제)

종 태실의 복원 과정에서 현 위치로 옮
겨졌다. 『문종실록』을 보면 1450년(문종
즉위년)에 문종의 태실을 은풍현(殷豊縣)
에 조성했음을 알 수 있다. 이후 전례
에 따라 왕의 태실을 봉안한 은풍현은
기천현(基川縣)과 합쳐졌고, 각각 한 글
자씩 따서 풍기군(豊基郡)으로 승격되었
다.

한편 가봉비 전면에는 '문종대왕태실
(文宗大王胎室)', 후면에는 숭정기원후일
백팔년을묘구월이십오일건(崇禎紀元後
一百八年乙卯九月二十五日建)가 새겨져 있

▲ 문종대왕 태실비(서삼릉), 전면: 문종대
왕태실(文宗大王胎室), 후면: □□□년오
월/자경북영주군상리면이봉(□□□年五
月/自慶北榮州郡上里面移封)

다. 이를 통해 문종의 가봉비는 숭정기
원후 108년 1735년(영조 11) 9월 25일에 개수한 것임을 알 수 있다. 『태봉

28 과거 예천읍사무소였던 곳으로, 1932년에 만들어졌다. 현재 경상북도 문화재자료 제410호로 지
    정되어 있다.

등록』에는 문종의 가봉비를 새로 세우는 일과 함께 장태 석물 가운데 횡
석과 상석 등의 일부 흔들림으로 밀려난 곳을 개수했다고 적고 있다. 당
시의 장계를 보면 선공감 감역 서명오(徐命五)가 가봉비를 다듬고 글자를
새겼으며, 문제가 된 횡석을 교체한 뒤 옛 석물을 땅에 매안했음을 알 수
있다.[31] 이후 일제강점기 때 문종의 태실이 이봉되는 과정에서 내항아리
는 도기, 외항아리는 분청사기 형태의 태항아리가 출토되었다. 이 과정에
서 태실지에 방치된 가봉비와 석물은 명봉사 경내와 예천읍행정복지센터
등으로 옮겨졌다.

여기서 잠깐! 문종과 장조 태실의 수호사찰인 명봉사는?

『일성록』에는 명봉사(鳴鳳寺)의 승려 봉관(奉寬)이 명봉사가 태실을 수호
하는 사찰이라고 언급하고 있다. 명봉사는 875년(헌강왕 1) 두운(杜雲)에 의

▲ 예천 명봉사 대웅전. 뒤쪽에 있는 봉우리에 문종의 태실이 있다.

해 창건된 것으로 전해지나 여느 사찰이 그러하듯 소실과 중건을 반복했다. 명봉사는 태실 수호사찰로, 주로 사도세자와 관련된 기록에서 많이 언급되는데, 자세한 내용은 장조 태실을 참고하면 된다.

06 단종 태실

단종(端宗, 재위 1452~1455)의 태실은 성주와 사천 두 곳에 흔적이 남아 있다. 『정조실록』에는 단종의 태실이 곤양(昆陽) 소곡산(所谷山)에 있다고 기록하고 있다. 하지만 이보다 앞선 기록인 『세종실록』에는 원손의 태가 성주에 안치된 사실과 최초 선석산에 있는 성주 세종대왕자 태실에 조성된 것을 알 수 있다. 이는 『문종실록』에 왕세자의 태실이 다른 대군의 태실과 같이 있다는 기록을 통해 확인이 된다.[29] 현재 성주 세종대왕자 태실에는 단종의 원손 시절 태실 석물이 남아 있는데, 태실비의 전면 우측에는 '원손태장(元孫胎藏)', 좌측에는 '황명정통육년신유윤십일월이십육일기

▲ 성주 세종대왕자 태실에 있는 단종의 원손 시절 태실

▲ 아기비의 전면

축입석(皇明正統六年辛酉閏十一月二十六日己丑立石)'이 새겨져 있다. 이를 통해 정통 6년인 1441년(세종 23) 11월 26일에 태실을 조성된 것임을 알 수 있다.

한편 문종이 즉위한 뒤 동궁(東宮)의 태실(胎室)을 성주 가야산(伽倻山)으로 옮기게 되는데, 이유는 단종이 차기 왕위를 계승할 세자의 신분이기 때문이었다. 때문에 다른 대군의 태실과 함께 있는 것이 옳지 못하다는 의견을 받아들여[32] 법림산(法林山)으로 옮긴 뒤 태실을 가봉했다. 이때 옮겨진 단종의 사역(四域, 사방경계)은 동쪽과 남쪽을 각 9천6백 보(步), 서쪽을 9천5백90 보, 북쪽을 4백70 보로 하여 표(標)를 세웠다. 따라서 단종의 태실은 애초 성주에 있었던 것은 명백하다. 하지만 단종의 태실은 사천에서도 확인이 되는데, 바로 사천 傳 단종 태실이다. 『정조실록』에서 언급된 단종의 태실 위치와 『태봉등록』과 『세종대왕·단종대왕태실수개의 궤(世宗大王·端宗大王胎室修改儀軌)』 등의 기록을 보면 영조 때 단종의 태실이 사천에 있었다고 인식했던 것은 분명하다. 하지만 일제강점기 때 사천 傳

▲ 성주 단종 태실지

▲ 단종의 가봉 태실 석물 중 우전석

29 원손의 태실을 성주에 조성할 당시 태실 원국(圓局) 안에 이장경의 묘가 포함되었다. 당시 태실과 불과 1리밖에 떨어져 있지 않아, 세종은 이장경의 묘를 옮기게 했다. 이장경은 성주 이씨의 중시조다. 『조선왕조실록』 세종실록 권102, 세종 25년(1443) 12월 11일 기사 참고

▲ 새롭게 확인된 연엽주석

▲ 연엽동자석

단종 태실의 이봉 과정에서 태지석이 출토되었는데, 이를 통해 태주가 단종이 아닌 인성대군의 태실로 밝혀졌다. 그렇다면 성주에 있어야 할 단종의 태실이 어째서 사천에 있게 된 것일까?

최초 성주 법림산(法林山)[30]에 있던 단종의 태실은 1458년(세조 4)에 공식적으로 철거되었고, 이후 실전이 되어 행방이 묘연해졌다. 이후 240년이 지난 1698년(숙종 24)에 단종(端宗)의 묘호를 받으며 왕의 지위를 회복하게 된다. 이에 따라 묘(墓)로 불리던 무덤은 능(陵)으로 높여졌고, 이때부터 장릉(莊陵)으로 불리게 된다. 또한 유배지였던 청령포(淸泠浦)에는 백성들의 출입을 금지하는 금표비가 세워지는 등 단종과 관련이 있는 장소에 대한 재정비가 이루어졌다. 이러한 흐름에 따라 단종 태실에 대한 수개(修改)[31]가 이루어질 수 있었던 것이다.

하지만 앞서 밝혔듯 단종의 태실은 철거된 이후 시간이 지나면서 행방

---

30 경상북도 성주군 가천면 법전리 산10번지 일대를 말한다.
31 수개(修改): 수리하고 고치는 것을 의미한다.

▲ 영월 장릉(莊陵), 단종의 능이다.

▲ 청령포 금표비

▲ 단종의 유배지인 청령포

이 묘연해졌고, 이 과정에서 인성대군의 태실이 단종의 태실로 잘못 알려지면서 태실의 수개가 이루어졌던 것이다. 실제 이 같은 내용은 1999년에 발간된 『조선의 태실』과 2019년 문화재청 궁능유적본부에서 진행한 『서삼릉 내 묘역 및 태실 역사성 회복 연구 결과보고서』를 통해 사천 단종

▲ 사천 傳 단종 태실

▲ 가봉비   ▲ 중앙태석

태실이 인성대군의 태실이라는 사실이 고증한 바 있다. 따라서 이제부터라도 해당태실의 명칭은 성주의 경우 '단종 태실지', 사천의 경우 '傳 단종 태실지' 혹은 '단종 가봉 태실 석물과 인성대군 태실'로 변경하는 것이 바람직하다.

한편 법림산에 위치한 단종 태실지의 경우 태실지에 분묘가 들어선 상황으로, 지난 2012년 지표 조사 결과 노출된 우전석 1매와 묘의 석재로 활용된 상석 2매, 전석 3매 등이 확인된 바 있다. 이때 단종의 태실 수호 사찰인 법림사(法林寺)가 있던 곳으로 추정되는 장소도 확인되었다.『문종실록』을 보면 단종의 태실이 법림사 뒷봉으로 기록하고 있는데, 경상북도 성주군 가천면 법전리 174-4번지 일대에서 기단 석축과 분청자 편과 백자 편 기와 편 등이 출토되어 해당 장소를 법림사지로 추정하고 있다.[33] 또한 2020년 5월 단종 태실지에 대한 조사를 통해 지표 조사 보고서에는 없는 연엽주석과 동자석주, 우전석 등의 추가 석물을 확인했는데, 보존 상태가 좋은 편이라 향후 단종 태실의 복원에 있어 중요한 자료가 될 전망이다.

여기서 잠깐! 친일파의 무덤으로 변해버린 사천 傳 단종 태실지

인성대군의 태실로 고증된 사천 傳 단종 태실지에는 가봉비와 장태 석

▲ 사천 傳 단종 태실의 가봉비 전면(좌)과 후면(우)

▲ 사천 지역의 친일파인 최연국의 묘. 봉분을 둘러싼 석재는 태실 석물을 재활용한 것이다.

물의 일부가 남아 있다. 가봉비의 비신은 파괴가 되어 알아볼 수 있는 글자는 전면의 경우 '대왕(大王)', 후면은 '백칠년갑인(百七年甲寅)' 등이다. 이를 통해 단종의 묘호를 받은 이후 가봉된 태실인 것을 알 수 있는 것이다.

현재 사천의 傳 단종 태실은 제자리를 잃어버린 채 태실 관련 석물이 주변으로 밀려난 것을 볼 수 있다. 태실을 밀어내고 그 자리를 차지한 묘의 주인공은 최연국(崔演國)으로, 사천의 대표적인 친일파다. 그의 친일 행적은『친일인명사전』에 등재되어 있다. 조선에서의 태실이 가지는 상징성을 고려해 보면 친일파가 태실을 밀어내고 그 자리를 차지한 것은 나라가 망했다는 것을 보여주는 상징적인 장면이자 아픈 역사의 현장이라고 할 수 있다.

07 세조 태실

세조(世祖, 재위 1455~1468)의 태실은 경상북도 성주군 월항면 인촌리 산 8번지로, 성주 세종대왕자 태실 중 하나다. 세조는 수양대군(首陽大君)이라는 이름이 더 익숙한데, 『정조실록』에 기록된 세조의 태실은 성주(星州) 선석사(禪石寺) 뒤에 있다고 적고 있으며, 『신증동국여지승람』에서도 선석산(禪石山)에 있는 것으로 확인된다. 앞선 단종의 사례에서 볼 수 있듯 왕위에 오를 경우 별도의 길지를 찾아 태실을 이안하는 것이 일반적이었다. 그런데도 세조는 예조의 이 같은 주청에 대해 거부한 뒤 기존의 표석은 없애고, 대신 비를 세워 다른 왕자의 태실과 구분하도록 했는데, 이는 당시 백성들의 고충을 헤아린 결과로 해석할 수 있다.

당시 태실의 조성과 가봉은 국책 사업에 해당했기에 백성들이 부역에

▲ 세조의 아기씨 태실

▲ 아기비   ▲ 왕위에 오른 뒤 설치한 가봉비

동원되어야 했고, 가봉에 쓸 석재의 이동 과정에서 논과 밭이 훼손되는 사례가 있었다. 이는 백성들에게 직접적인 피해로 다가왔기에 세조는 자신의 태실을 이봉하는 대신 별도의 가봉비만 세웠던 것이다. 실제 세조는 자신의 능과 관련해 "죽으면 속히 썩어야 하니, 석실(石室)과 석곽(石槨)을 마련하지 말라."라는 유언을 남긴 바 있다.[34] 한편 이때 세운 가봉비가 지금도 남아 있는데, 비문은 훼손이 심한 편이지만, 비의 내용은 『세조실록』에 남아 있다.

> "공손히 생각하건대, 우리 세종장헌대왕(世宗莊憲大王)께서 즉위(即位)한 21년에 유사(有司)에 명하여 땅을 점(占)치게 하고 대군(大君)과 여러 군(君)의 태(胎)를 성주(星州) 북쪽 20리 선석산(禪石山)의 산등성이에 갈무리하게 하고 각각 돌을 세워 이를 표(標)하였는데, 주상의 성태(聖胎)도 또한 그 가운데 들어 있어 표하여 이

르기를, '수양대군(首陽大君)의 실(室)'이라 하였다. 지금은 하늘의 명(命)을 받들어 왕위에 오른 지 이미 8년이 지났으므로 예관(禮官)이 급히 조종(祖宗)의 고사(故事)에 의하여 따로 자리를 보아 어태(御胎)를 이안하기를 청하였으나, 윤허하지 아니하고 이르기를, '형제가 태(胎)를 같이하였는데 어찌 고칠 필요가 있겠는가?' 하시고, 의물(儀物)을 설치하기를 청하여도 역시 윤허하지 아니하시며 다만 표석을 없애고 비(碑)를 세워 기록할 것을 명하여 힘써 일을 덜게 하셨다."[35]

– 『세조실록』 권29 세조 8년(1462) 9월 14일 중

가봉비의 뒤로 아기비와 장태 석물이 자리하고 있다. 아기비의 경우 전면 우측에 '진양대군왕유태장(晉陽大君王瑈胎藏)', 좌측에는 '황명정통삼년무오삼월십일갑오입석(皇明正統三年戊午三月十日甲午立石)'이 새겨져 있다. 이를 통해 정통 3년인 1438년(세종 20)에 태실을 조성했음을 알 수 있다. 한편 세조의 태실이 이봉되는 과정에서 태지석과 분청사기 형태의 태항아리가 출토되었다.

▲ 세조대왕 태실비(서삼릉), 전면: 세조대왕태실(世祖大王胎室), 후면: □□□년오월/자경북성주군월항면이봉(□□□年五月/自慶北星州郡月恒面移封)

08 예종 태실

예종(睿宗, 재위 1468~1469)의 태실은 전라북도 완주군 구이면 원덕리 산 158번지로,『정조실록』에는 전주(全州) 태실산(胎室山)에 있었다고 기록되어 있다. 태실산은『신증동국여지승람』에서도 확인되는데, "부의 남쪽 20리에 있다. 여기에 예종(睿宗)의 어태(御胎)를 안치하였다."라고 적고 있다.[36] 예종의 태실과 관련한 첫 기록은『세조실록』에서 확인되는데, 세조는 자신의 태실을 비롯해 왕세자, 원손의 태실에 석난간을 설치하지 말 것을 하교했다.

이후 1734년(영조 10) 예종의 태실에 대한 개수가 진행했는데, 개수 과정은『태봉등록』에 자세히 기록되어 있다. 예조참의 유언통(兪彦通)이 올린

▲ 경기전 내 이전 복원된 예종 태실

▲ 가봉비

▲ 가봉비의 후면

장계를 보면 1734년 8월 25일 전주에 도착한 뒤 고유제와 고후토제를 지냈으며, 이후 가봉비를 교체하고 상석 2개를 교체했다. 이후 사후토제를 지낸 뒤 기존 태실비를 땅에 묻는 것으로 개수를 마무리했다. 한편 예종의 태실이 이봉되는 과정에서 태지석과 내항아리는 백자, 외항아리는 분청사기 형태의 태항아리가 출토되었다. 이와 함께 태실지에 방치된 채 남아 있던 장태 석물과 가봉비 등은 구이초등학교로 옮겨졌으며, 1970년에 전주 경기전(慶基殿)으로 옮겨졌다.

한편 예종의 태실은 가봉비와 장태 석물로 구성되어 있는데, 장태 석물의 경우 난간석주와 동자석주, 횡죽석 등 난간석을 이루는 석재와 중앙태석을 이루는 개첨석과 중동석, 사방석 등이 남아 있다. 특히 가봉비의 경우 생동감이 느껴지는 이수 부분과 가봉비를 지탱하는 귀롱대석의 형태가 온전하게 남아 있다. 가봉비의 경우 전면에 '예종대왕태실(睿宗大王胎

▲ 장태 석물

▲ 중앙태석

室)', 후면에는 '만력육년십월초이일건/
후일백오십육년갑인팔월이십육일개석
(萬曆六年十月初二日建/後一百五十六年甲寅
八月二十六日改石)'이 새겨져 있다. 이를
통해 만력 6년인 1578년(선조 11) 10월
초2일에 새로 가봉비를 세웠으며, 숭
정기원후 156년인 1783년(정조 7) 8월
26일에 개수한 것임을 알 수 있다.

▲ 예종대왕 태실비(서삼릉), 전면: 예종대
왕태실(睿宗大王胎室), 후면: □□□년오
월/자전북전주군구이면이봉(□□□年五
月/自全北全州郡九耳面移封)

09 성종 태실

성종(成宗, 재위 1469~1494)
의 태실은 경기도 광주시 태
전동 265-1번지에 있는 태
봉의 정상에 있었다. 『정조
실록』에는 성종의 태실이 광
주(廣州) 경안역(慶安驛) 뒤에
있다고 했다. 지금도 성종의
태실이 있어 태전동(胎田洞)
으로 불리고 있는데, 말 그
대로 태실이 남긴 지명인 셈
이다.

▲ 성종 태실지

▲ 창경궁으로 옮겨진 성종 태실

▲ 가봉비

▲ 가봉비의 후면

　가봉비의 전면에는 '성종대왕태실(成宗大王胎室)'이 새겨져 있고, 후면의 명문을 통해 최초 1471년(성종 2) 윤9월에 태실의 가봉이 이루어졌음을 알 수 있다. 이후로도 여러 차례 개수를 거쳤는데, 다음 표를 참고하면 된다. 『태봉등록』을 보면 1652년(효종 3) 9월 24일에 광주에 있는 성종의 태봉에 빗돌[32]을 세울 길일을 정했는데, 이때 빗돌을 세우는 날이 10월 12일 진시(辰時)로 결정되기도 했다.

순번	가봉비(후면)	
1	성화칠년윤구월일립(成化七年閏九月日立)	1471년(성종 2) 윤9월
2	만력육년오월일개립(萬曆六年五月日改立)	1578년(선조 11) 5월
3	순치구년십월일개립(順治九年十月日改立)	1652년(효종 3) 10월
4	도광삼년오월일개립(道光三年五月日改立)	1823년(순조 23) 5월

〈표-6〉 성종 가봉비의 후면에 기록된 개수 기록

---

32 『태봉등록』에 기록된 빗돌은 태실비를 말한다.

▲ 중앙태석　　　　　　　　　　　　　　　▲ 장태 석물

　　이후 성종의 태실이 이봉되는 과정에서 태지석과 백자 형태의 태항아
리가 출토되었다. 그런데 이때 성종의 태(胎)만 이봉된 것이 아니었다.
1928년 9월 10일자 『매일신보』 기사를 보면 성종의 태봉에 암장한 시신
이 발견되자 이 같은 사태를 방지하기 위해 태실의 이봉을 추진했고, 이
과정에서 성종 태실의 석물을 창덕궁 뒤 비원으로 옮겼다. 그 이유는 전
문 기사를 시켜 연구하게 하기 위한 목적이었다.

　　　"태봉에 암장시(暗葬屍)가 뒤를 이어 발견됨을 따라 이왕직에서는
　　황송함을 견디지 못하여 앞으로는 그 같은 일이 없게 하고자 신중
　　히 협의한 결과 역대의 태봉 중에 가장 완전하며 가장 고귀하게 건
　　설되었다는 광주(廣州)에 뫼신 성종 태봉의 모든 설비를 그대로 옮
　　겨다가 석물이고 건물이고 한결같이 창덕궁 뒤 비원에다가 꾸며
　　놓고 전문기사를 시켜 연구케 하는 중이라는데 새로이 건설되는
　　태봉은 성종 태봉을 표본으로 경중히 뫼실 것이라 한다."[37]

한편 궁궐이었던 창경궁(昌慶宮)은 이
때 창경원(昌慶苑)으로 불리며, 헐린 자
리에는 동물원과 식물원이 들어섰다.
이에 따라 성종 태실은 구경거리로 전
락해 버리고 말았다. 태실이 가지는 상
징성을 고려해 보면 이러한 성종 태실
의 모습은 나라가 망했다는 것을 상징
적으로 보여주는 장면이다.

▲ 성종대왕 태실비(서삼릉), 전면: 성종대
왕태실(成宗大王胎室), 후면: □□□년오
월/자경기도광주군경안면이봉(□□□年
五月/自京畿道廣州郡慶安面移封)

여기서 잠깐! 연산군의 태실은?

연산군(燕山君, 재위 1494~1506)은 성종
과 폐비 윤씨의 소생으로, 연산군의 태
실은 폐위된 당대에 훼손된 것으로 추
정된다. 그런데 『2020 경기도 태봉태실 조사보고서』에서 연산군 태실의
추정지로, 광주 목현동 태봉을 주목하고 있어 눈길을 끈다. 해당 조사보
고서에서는 『신증동국여지승람』 광주목 산천조에 기록된 이령(梨嶺)에 봉
안된 임금의 어태를 연산군의 태실로 추정하고 있다. 다만 문헌자료 이
외에 현장에서 태실 관련 흔적이 확인된 것은 아니기에 향후 광주 목현동
태봉의 지표조사를 통해 고증이 필요한 부분이다.

10 중종 태실

중종(中宗, 재위 1506~1544)의 태실은 가평 중종대왕 태봉으로 불리며, 경기도 가평군 가평읍 상색리 산112번지에 있는 태봉산 정상에 있다. 『정조실록』에는 중종의 태실이 가평(加平) 서면(西面)에 있다고 적고 있다. 또한 『중종실록』에는 1507년(중종 2) 4월 22일에 좌의정 박원종(朴元宗)이 태봉을 봉심(奉審)[33]했다고 기록하고 있다. 그렇다면 중종의 태실은 언제 가봉이 되었을까? 그 해답은 다음의 기록을 통해 찾을 수 있다.

> "경기 가평현(加平縣)을 올려 군(郡)으로 삼고, 현감(縣監) 유면(柳沔)을 체입시켰으니, 이곳은 주상(主上)의 태실(胎室)이 있는 곳이다."[38]
>
> —『중종실록』 권4, 중종 2년(1507) 10월 16일

위의 기록을 보면 1507년 10월 16일에 가평현(加平縣)이 가평군(加平郡)으로 승격되었는데, 그 이유가 중종의 태실이 있기 때문이다. 중종의 태실의 가봉 시기 역시 위의 날짜에서 멀지 않은 시점인 것으로 추정되는데, 이는 다음 기록을 통해 알 수 있다.

> "보은현(報恩縣)에서 당저(當宁)의 태실(胎室)을 가봉(加封)하는 역사를 마쳤다고 고하니, 감동관(監董官) 이하에게 차등 있게 시상하고, 현을 승격시켜 군(郡)으로 삼았다."[39]
>
> —『순조실록』 권4, 순조 6년(1806) 10월 20일

---

33 봉심(奉審): 왕의 명령으로 능이나 태실의 상태를 점검하는 것을 의미한다.

앞의 기록은 순조의 태실이 가봉된 이후 고을의 승격이 이루어졌다는 내용으로, 태실의 가봉 직후 고을이 승격된 사례가 다수 확인이 된다. 따라서 중종의 태실 역시 이러한 관례를 고려했을 때 1507년 10월 16일에서 멀지 않은 시점일 것으로 추정된다. 한편 중종의 아기씨 태실은 홍치 5년인 1492년(성종 23) 9월 초7일에 조성된 것으로 확인되는데, 이는 아기비의 명문을 통해 알 수 있다.

▲ 아기비

비신의 전면 명문은 인위적인 훼손이 있어 육안 판독이 어렵다. 반면 후면의 경우 '홍치오년구월초칠일해시립(弘治五年九月初七日亥時立)'이

▲ 가봉비

▲ 가평 중종 태실

▲ 태함

▲ 중종 태실의 석난간

새겨져 있는데, 이는 태지석의 장태 날짜와 동일하다. 태지석을 통해 중종의 출생일이 홍치 원년인 1488년(성종 19) 3월 초5일이라는 사실과 아명이 구등은금이(仇等隱金伊)인 것을 알 수 있다. 이 경우 1492년에 아기씨 태실이 조성된 후 1507년(중종 2)에 태실이 가봉된 것임을 알 수 있다.

▲ 중종대왕 태실비(서삼릉), 전면: 중종대왕태실(中宗大王胎室), 후면: □□□년오월/자경기도가평군군내면이봉(□□□年五月/自京畿道加平郡郡內面移封)

한편 『태봉등록』을 보면 중종의 태봉 석물 중 일부가 파손되어 관상감의 관원을 보내 개수한 사실이 확인된다.[40] 이러한 중종의 태실은 일제강점기 때 서삼릉으로 이봉되었고, 이후 태실지는 방치된 채 석물의 행방을 알 수 없었다. 그러던 1982년에 산의 주인이 장례를 치르기 위해 작업을 하던 중 태실 석물이 발견되었고, 이후 현재의 모습으로 복원이 이루어졌다.[41] 현재 남아 있는 중종 태실의 석물 상태는 좋지 못한 편으로, 태실 석물은 크게 아기비와 태함, 장태 석물 등이 남아 있으며, 가봉비의 경우 비신의 일부가 잘려나갔으며, 전면에는 '주□□□태실(主□□□胎藏)', 후면에는 '정(正)'이 확인된다.

11 인종 태실

인종(仁宗, 재위 1544~1545)의 태실은 경상북도 영천시 청통면 치일리 산 24번지로, 은해사를 지나 신일저수지 뒤에 있는 태실봉의 정상에 있다. 과거에는 태실봉 정상에 태실 석물이 흩어진 채 방치되어 있었으나, 지난 2007년 복원을 거쳐 현재의 모습으로 변모했다. 『정조실록』에는 인종의

▲ 영천 인종 태실

▲ 가봉비

▲ 인종 태실의 장태 석물

▲ 인종 태실의 중앙태석

▲ 태실비와 비대

▲ 인종대왕 태실비(서삼릉), 전면: 인종대왕태실(仁宗大王胎室), 후면: □□□년오월/자경북영천군청통면이봉(□□□年五月/自慶北永川郡淸通面移封)

태실이 영천(永川) 공산(公山)[34]에 있다고 적고 있으며, 『중종실록』을 통해 세자의 태실이 영천에 조성된 것을 알 수 있다.

　인종의 태실은 큰 규모의 태실로, 가봉비의 전면에는 '인종대왕태실(仁宗大王胎室)', 후면에는 '가정이십오년오월일건(嘉靖二十五年五月日建)'이 새겨

34　공산(公山): 팔공산(八公山)의 옛 이름이다.

져 있다. 가정 25년을 환산해 보면 1546년(명종 1)으로, 관련 기록이 『명종 실록』에도 남아 있다. 또한 『태봉등록』에는 숙종 시기에 인종 태실에 대한 개수가 있었음을 알 수 있다.

한편 인종의 태실이 이봉되는 과정에서 태지석과 백자 형태의 태항아 리가 출토되었다. 태지석을 통해 정덕 10년인 1515년(중종 10) 2월 25일에 출생한 사실과 정덕 16년인 1521년(중종 16) 정월 17일에 태실을 조성했음 을 알 수 있다. 또한 세자 책봉 이후 조성된 태실이라는 사실을 알 수 있 으며, 태지석에 기록된 호(峼)는 인종의 이름이다.[42]

여기서 잠깐! 인종 태실과 함께 주목해 볼 은해사와 하마비

인종 태실의 수호사찰인 은해사(銀海寺)는 809년 혜철국사(惠徹國師)에 의해 창건된 사찰로, 최초 해안사(海眼寺)로 불렸다. 이후 1264년(원종 5) 홍진국사(弘眞國師)에 의해 중창되었으나 한 차례 소실된 이후인 1546년

▲ 은해사 경내에 있는 하마비

▲ 인종 태실의 수호사찰인 은해사

▲ 파계사 하마비　　　　　　　　▲ 파계사 원당봉산 표석

현 위치로 옮겨졌으며, 인종의 태실이 조성되면서 태실을 수호하는 사찰로 명맥을 이었다. 은해사라는 명칭 역시 이때 바뀐 것이다.

은해사 경내에는 태실과 관련한 문화재가 남아 있는데, 대소인하마비(大小人下馬碑)가 새겨진 하마비다. 숭유억불(崇儒抑佛)의 시대라는 것을 고려해 보면 사찰에 하마비가 있는 풍경은 낯설게 느껴진다.

사찰에 하마비가 세워지는 경우는 크게 능이나 태실의 수호사찰의 성격을 가지고 있거나 원당사찰인 경우다. 각 사례를 살펴보면 광릉(光陵)의 원찰인 봉선사(奉先寺)와 태실의 수호 사찰인 법주사(法住寺)에 하마비가 세워졌다. 또한 원당사찰인 파계사(把溪寺)에도 하마비와 함께 원당봉산(願堂封山) 표석이 있다.

12 명종 태실

 명종(明宗, 재위 1545~1567)의 태실은 충청남도 서산시 운산면 태봉리 산 6-2번지로, 태봉산의 정상에 있다. 명종 태실은 지난 2018년에 보물 제 1976호로 지정되었다. 이는 태실이 보물로 지정된 첫 사례로, 태실 석물 이 원형에 가깝게 남아 있다. 『정조실록』에는 명종의 태실이 서산(瑞山) 동

▲ 서산 명종 태실

▲ 아기비

▲ 명종 태실의 가봉비

▲ 개건비

면(東面)에 있다고 적고 있으며, 『명종실록』을 통해 명종이 왕위에 오른 뒤 가봉이 이루어졌음을 알 수 있다.

명종의 태실 석물은 크게 아기비와 가봉비 2기, 장태 석물 등으로 구분된다. 가봉비가 2개인 이유는 최초 세운 가봉비의 명문이 훼손되어, 개수 과정에서 새로 고쳐 세웠기 때문이다. 태실에서 가장 먼저 세워진 아기비의 경우 전면에는 '대군춘령아기씨태실(大君椿齡阿只氏胎室)', 후면에는 '가정십칠년이월이십일일묘시립(嘉靖十七年二月二十一日卯時立)'이 새겨져 있다. 이를 통해 명종의 아명이 춘령(椿齡)이라는 사실과 가정 17년인 1538년(중종 33) 2월 20일에 아기씨 태실을 조성한 것을 알 수 있다.

최초 세운 가봉비의 전면에는 '주상전하태실(主上殿下胎室)', 후면에는 '가정이십오년십월일건(嘉靖二十五年十月日建)'이 새겨져 있다. 반면 고쳐 세운 개건비의 경우 전면에 '주상전하태실(主上殿下胎室)', 후면에는 '가정이십오년십월일건/후일백육십오년신묘십월일개석(嘉靖二十五年十月日建/後

▲ 명종 태실의 장태 석물

▲ 명종 태실의 중앙태석

一百六十五年辛卯十月日改石'이 새겨져 있다. 가봉비와 개건비의 전면과 후면의 명문은 동일하지만 개건비의 후면에는 숭정기원후 165년인 1762년(정조 16) 10월에 고쳐 세운 사실이 함께 새겨져 있다.

『태봉등록』을 보면 1710년(숙종 36) 충청감사 홍중하(洪重夏)가 명종 태실의 석물 가운데 횡죽석의 손상과 가봉비의 명문 중 일부가 인위적으로 훼손된 사실을 장계로 올렸다. 이에 1711년(숙종 37) 10월 18일 오시(午時)에 난간 죽석 1개와 상석 1개, 손상된 가봉비를 새로 교체했는데, 사용된 석재는 해미(海美)에서 떠서 운반했다. 이때 서표관은 최초 세운 가봉비와 개건비의 전면과 후면의 글씨를 동일하게 쓰고, 개건비에는 주(註)를 달았으며, 태실을 중심으로 평야가 있는 서쪽 300보를 측량해 금표를 세웠다. 한편 명종의 태실이

▲ 명종대왕 태실비(서삼릉), 전면: 명종대왕태실(明宗大王胎室), 후면: □□□년오월/자충남서산군운산면이봉(□□□年五月/自忠南瑞山郡雲山面移封)

이봉되는 과정에서 태지석과 백자 형태의 태항아리가 출토되었다. 태지석을 통해 가정 13년인 1534년(중종 29) 5월 22일에 출생한 사실과 아기비와 동일한 아명인 춘령(椿齡)이 확인된다.[43] 또한 예산 황계리에 있는 현종의 태실이 조성될 때 참고한 태실이 바로 명종 태실이다.

13 선조 태실

선조(宣祖, 재위 1567~1608)의 태실
은 충청남도 부여군 충화면 오덕리
산1-17번지로, 태봉산의 정상에 있
었다. 『정조실록』에는 선조의 태실이
임천(林川) 서면(西面)에 있다고 했는
데, [44] 임천군(林川郡)은 지금의 부여군
임천면 일대다. 현재 선조의 태실지
에는 분묘가 들어섰고, 태실 관련 석

▲ 선조의 태실이 있었던 태봉산의 원경

물은 추정 사방석과 귀롱대석의 파편 일부가 남아 있을 뿐이다. 그나마
가봉비의 경우 태봉마을과 오덕사 경내로 옮겨졌는데, 전자의 경우 가봉
비, 후자의 경우 개건비로 칭한다. 그렇다면 선조의 가봉비는 왜 두 개가
세워졌을까?

『영조실록』을 보면 전 충청감사 서종급(徐宗伋)이 임천군(林川郡)에 있던
선조 태실의 비가 깎여 알아보기 어렵다며 장계를 올렸다. 이에 조정에서
는 논의 끝에 예조참판 김상로(金尙魯)가 전면에는 묘호를, 후면에는 글자

▲ 귀롱대석의 파편과 사방석으로 추정되는 석물

의 마멸로 다시 세웠다는 내용을 기
록한 개건비를 세울 것을 주청했다.
이를 영조가 받아들이면서 선조의 가
봉비는 두 개가 세워졌던 것이다.[45]

한편 두 개의 태실비 가운데 최초
로 세운 가봉비의 경우 전면에는 '주
상전하태실(主上殿下胎室)', 후면에는
'융경사년십월이십일일립(隆慶四年十
月二十一日立)'이 새겨져 있다. 이를 통
해 융경 4년인 1570년(선조 3) 10월 21
일에 조성했음을 알 수 있다. 반면 오

▲ 선조 태실의 가봉비

덕사에 있는 개건비의 전면에는 '선조대왕태실(宣祖大王胎室)', 후면에는

▲ 선조 태실의 개건비

▲ 개건비의 후면

'숭정기원후일백이십년정묘오월초삼일립(崇禎紀元後一百二十年丁卯五月初三日立)'이 새겨져 있다. 이를 통해 숭정기원후 120년인 1747년(영조 23) 5월 초3일에 세워졌음을 알 수 있다. 또한 보조 명문인 '융경사년경오십월이십일소입비자세구각결고개석(隆慶四年庚午十月二十日所立碑字世久刻缺故改石)'이 새겨져 있는데, 풀이해 보면 융경 4년인 1570년(선조 3) 10월 21일에 세운 가봉비가 오래되고, 글자가 마멸되어 새로 고쳐 세웠다는 내용이다.

한편 선조의 태실이 이봉되는 과정에서 태지석과 백자 형태의 태항아리가 출토되었다. 이후 방치된 태실 석물의 대부분이 유실되었다. 이와 함께 마을에서 만난 주민에게 선조 태실과 태봉산에 대해 물어 보니 "어릴 때는 산 곳곳에 석물로 보이는 돌들이 많았는데, 지금은 하나만 남아 있다."라는 이야기를 들을 수 있었고, 마을 주민들이 태봉산을 태양산으로 부른다는 사실을 알 수 있었다.

춘천 현암리 태봉 귀부

춘천 현암리 태봉 귀부는 춘천시 서면 현암리 산52-1번지로, 태봉의 정상에는 분묘가 들어섰고 그 앞에 귀부[35]가 남아 있다. 태실에서 귀부가 조성되는 사례는 왕의 태실에서 보이는 특징이다. 현장에 세워진 안내문을 보면 오래전부터 태실로 전해왔고, 귀부의 제작 시기 역시 조선시대

▲ 춘천 현암리 태봉 귀부

로 확인된다는 점에서 현암리 태봉 귀부는 『선조수정실록』에 기록된 선조의 최초 태실 관련 흔적일 가능성이 높은데 그 내용은 다음과 같다.

---

35 「난간석조작도」에는 귀롱대석(龜籠臺石)으로 표기되어 있다.

"성태(聖胎)를 임천(林川)에 묻었다. 상이 즉위하였을 때, 성태를 구례에 의하여 좋은 자리를 골라 묻어야 한다는 조정 논의가 있어 잠저(潛邸)를 뒤져 정원 북쪽 소나무 숲 사이에서 찾아내었다. 그리고 강원도 춘천 지방에 자리를 정하여 공사를 했는데, 거의 끝나갈 무렵 그 혈(穴)이 바로 옛날에 태를 묻었던 곳임을 알게 되었다. <중략>… 조정에서 소문을 듣고 깜짝 놀라 헌부가 사맹을 불경(不敬)으로 탄핵하여 파직시키고 대신이 다시 깨끗한 자리를 골라야 한다고 건청(建請)하여 임천에 묻게 된 것이다. 당시 굶주린 백성들이 돌을 운반하는 데 동원되어 성태 하나를 묻는 데 그 피해가 3개 도시에 미쳤으므로 식자들이 개탄하였다."[46]

– 『선조수정실록』 권4 선조 3년(1570) 2월 1일 중

▲ 선조대왕 태실비(서삼릉), 전면: 선조대왕태실(宣祖大王胎室), 후면: □□□년오월/자충남부여군충화면이봉(□□□年五月/自忠南扶餘郡忠化面移封)

위의 내용은 이이의 『석담일기』를 인용한 『연려실기술』에서도 확인된다. 해당 기록을 요약해 보면 왕위에 오르기 전 선조의 태를 잠저(潛邸)의 정원에 묻었는데, 훗날 선조가 왕위에 오르면서 가봉 태실을 조성하게 된다. 이때 최초로 태실의 후보지로 거론된 곳이 바로 강원도 춘천이었다. 문제는 공사를 진행하던 중에 터졌는데, 깨끗해야 할 태실의 자리가 과거 태를 묻은 자리인 것이 확인되었다. 하지만 관찰사 구사맹(具思孟)은 이런 이유로 거대한 공사를 중단할 수 없다며 공사를 강행했다.

이 소식이 조정에 전해지자 논란이 되었고, 결국 구사맹은 불경의 죄로 파직이 되었다. 이 때문에 선조의 태실은 춘천에 조성되다가 중단된 뒤 새로운 장소를 찾게 되면서, 임천군에 태실을 조성한 것이다. 이처럼 『선조수정실록』의 기록에 언급된 선조의 최초 태실지로 추정되는 곳이 춘천 현암리 태봉인 것이다.

14 광해군 태실

광해군(光海君, 재위 1608~1623)의 태실은 대구시 북구 연경동 산136번지로, 태봉의 정상에 있다. 지난 2012년 영화 『광해』가 개봉하면서 광해군에 대한 재평가 여론과 함께 광해군에 대한 관심이 높아졌었다. 이러한 분위기와 함께 광해군 태실이 주목받게 되었고, 당시 언론 매체 등을 통해 광해군 태실의 관리 부실이 언급되기도 했다. 이후 광해군 태실은 보호를 위해 푸른 천막으로 덮여 있다가 지난 2018년 발굴 조사가 이루어

▲ 대구 광해군 태실지

▲ 귀룡대석의 파편

졌다. 그 결과 파괴된 지상의 석물과 달리 태실의 하부 구조 및 태함은 온전하게 남아 있는 것이 확인되었다. 현재 태함이 있던 자리는 복토(覆土)가 되었으며, 앞쪽에 파괴된 귀롱대석을 옮겨둔 상태다.

그렇다면 연경동 태봉이 광해군의 태실이라는 사실은 어떻게 알 수 있었을까? 우선 『광해군일기』를 보면 광해군이 즉위한 이듬해에 태실을 가봉했음을

▲ 아기비

알 수 있다.[47] 또한 해당 태실이 대구에 있었다는 사실도 확인된다.[48] 이와 함께 광해군 태실에서 확인된 태지석과 아기비의 비교 분석을 통해 확인이 가능하다. 아기비의 전면에는 '왕자경용아기씨태실(王子慶龍阿只氏胎室)'이 새겨져 있고, 후면은 판독이 어렵다. 파괴된 가봉비의 파편에는 '만력(萬曆)'과 '일월일건(一月日建)'의 명문이 확인된다. 하지만 여기까지만 봐서는 경용이 누구이며, 해당 태실이 누구의 태실인지 알기가 어렵다. 그런데 용인대학교 박물관에 소장 중인 태지석[36]에서 경용(慶龍)이 확인되면

▲ 파괴된 가봉비, '만력(萬曆)'과 '일월일건(一月日建)'이 새겨져 있다.

서, 태주가 만력 3년인 1575년(선조 8)에 출생했음을 알 수 있다.[49] 또한 태실에 남아 있는 가봉의 흔적을 통해 태주가 1575년에 태어난 왕자이면서 동시에 왕이 되었다는 사실을 알 수 있다. 그런 인물은 단 한 명, 광해군밖에 없기에 해당 태실이 광해군의 태실인 것을 알 수 있다

본래 왕의 태실은 태실을 수호하기 위한 수직(守直)을 두어 관리를 했는데, 광해군 태실의 경우 인위적인 파괴가 진행되었다. 이는 정상적이라면 있을 수가 없는 훼손이다. 또한 가봉비의 전면에 새겨졌을 '주상전하태실(主上殿下胎室)'의 명문이 훼손된 점은 의도적인 것으로 의심할 수밖에 없다. 즉 광해군 태실은 광해군의 폐위와 함께 동시대에 파괴가 진행된 것으로 추정된다.

15 현종 태실

현종(顯宗, 재위 1659~1674)의 태실은 충청남도 예산군 신양면 황계리 189-13번지로, 태실이 있던 자리에는 태양광 시설이 들어섰다. 『정조실록』에는 현종의 태실이 "대흥(大興) 원동면(遠東面)에 있는데, 신유년 10월에 돌난간을 배설(排設)한 뒤에 대흥현(大興縣)을 승호(陞號)[37]하여 군수(郡守)를 두었다."라고 적고 있다. 또한 『숙종실록』을 통해 숙종이 아버지 태실의 석란을 더 북돋우고, 전례에 따라 대흥현(大興縣)을 군으로 승격시킨 사실을 알 수 있다.[50] 고지도에서도 현종 태실의 흔적이 확인되는데 『해

---

36 백자 형태의 태항아리와 태지석(보물 제1065호), '皇明萬曆三年四月/二十六日卯時生/王子慶龍阿只氏胎/萬曆九年四月初/一日癸時藏'

37 승호(陞號): 이름을 올린다는 뜻으로, 여기에서는 대흥현이 대흥군으로 승격된 것과 관련이 있다.

▲ 태봉산의 원경. 태양광 발전 시설이 들어서며 훼손되었다.

동지도』에는 태실지에 중앙태석이 그려져 있다. 또한『광역도』를 비롯해
『충청남북도여지도』, 1872년에 제작된 지방지도 등에서도 현종의 태실
이 확인된다. 한편『태봉등록』을 보면 현종 당대에 가봉에 관한 논의가 있
었으나 흉년으로 인해 미뤄졌다. 태실의 가봉이 마무리된 건 1681년(숙종
7) 10월 20일이었다. 현종의 태실은 서산의 명종 태실을 본보기로 삼았는
데, 이를 위해 석공을 명종 태실로 보내 난간돌과 표석, 귀대석을 견양(見
樣)[38]하고, 석재 생산지에서 다듬은 후 현종의 태실로 이동하게 했다.[51] 이
처럼 기록에서 확인되는 현종의 태실은 큰 규모였을 것으로 추정되지만
안타깝게도 현재 현종의 가봉 태실 석물은 남아 있지 않다.

현재 현종 태실과 관련한 유일한 흔적은 아기비다. 발견 경위는 태봉산
에 태양광 발전 시설 관련 공사를 진행하던 중 땅에 묻혀 있던 아기비가

---

38 견양(見樣): 치수와 양식을 기록하는 행위로 견본의 의미로도 쓰인다.

▲ 공사 중 확인된 현종의 아기비　　▲ 예산문화원으로 옮겨진 현종의 아기비
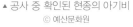
ⓒ 예산문화원

모습을 드러냈고, 예산문화원으로 옮겨졌다. 아기비의 전면에는 '대청숭덕육년이월초사일축시생원손아기씨태실(大淸崇德六年二月初四日丑時生元孫阿只氏胎室)'[39], 후면에는 남아 있는 필획을 통해 '순치사년(順治四年)'이 새겨진 것으로 확인되는데, 해당 명문을 통해 숭덕 6년인 1641년(인조 19) 2월 초 4일에 출생한 사실과 조성 시기가 순치 4년인 1647년(인조 25)으로 확인된다. 이는 일반적인 아기씨 태실의 조성 과정과 비교해 상당히 늦은 것으로, 이를 이해하기 위해서는 당시의 시대상을 이해할 필요가 있다.

현종이 태어났을 때 효종(孝宗, 재위 1649~1659)은 봉림대군(鳳林大君)으로 불릴 때였다. 이때는 봉림대군의 형인 소현세자가 왕통을 이을 후계자였

39　병자호란 이후에도 숭명반청(崇明反淸)이 여전하던 조선 사회에서 비석에 대청(大淸)이 들어간 사례는 희귀한 사례로 주목해 볼 만하다.

기에 정상적인 상황이라면 효종이나 현종이 왕위에 오르는 일은 불가능했다. 그런데 1645년(인조 23) 심양으로 끌려갔던 소현세자가 영구 귀국한 지 불과 3개월 만에 의문의 죽음을 맞았는데, 당시 소현세자에 대한 독살설이 제기될 만큼 인조와 소현세자의 갈등이 표면화된 상태였다. 조선왕실의 왕위 계승은 기본적으로 장자 계승이 원칙이었다. 왕보다 세자가 먼저 세상을 떠날 경우 세자의 아들인 원손이 왕위를 잇게 된다. 쉽게 '영조-사도세자-정조'를 떠올리면 되는데, 인조는 신하들의 반대에도 왕통을 바꾸는 무리수를 써가며 소현세자의 세 아들[40]을 배제한 채 차남인 봉림대군을 세자로 책봉했다. 결과적으로 봉림대군이 왕으로 즉위하면서, 현종 역시 세자로 책봉이 될 수 있었던 것이다. 이처럼 현종의 아기비는 왕자의 아들에서 세자가 되고, 이후 왕위에 올랐던 현종의 극적 반전을 보여 주고 있다.

여기서 잠깐! 인조와 효종의 태실은 어디에?

『정조실록』에 기록된 열성조의 태실 관련 기록을 보면 인조와 효종의 태실이 빠져 있으며, 서삼릉 태실에서도 인조와 효종의 태실이 없다. 인조 태실의 경우 『인조실록』을 보면 대전(大殿, 인조)과 왕세자(王世子, 소현세자)의 태장(胎藏)이 정토사(淨土寺)[41]에 전봉(前峯, 앞 봉우리)에 있다는 기록이 있다.[42] 반면 매일신보(每日申報)[52]의 기사를 통해 황해도 해주면(海州面) 남

---

40 소현세자와 민회빈 강씨의 세 아들로, 경선군(慶善君) 이석철과 경완군(慶完君) 이석린, 경안군(慶安君) 이석견을 말한다.

41 정토사(淨土寺): 충청북도 충주시 동량면 하천리에 있는 사찰로, 지금은 터만 남아 있다. 『신증동국여지승람』에는 개천사(開天寺)로 기록되어 있으며, 정토산(淨土山)에 있었다. 고려(高麗) 역대 왕조의 실록(實錄)을 보관했던 사찰로, 『인조실록』의 기록을 통해 정토사에 인조와 소현세자의 태실이 조성된 것으로 추정된다.

본정(南本町)에서 인조의 태실을 이봉했다는 기사도 확인된다.[43] 이 경우 해주시 영광동에 있는 태봉각(泰峯閣)과의 연관성도 주목된다. 반면 효종의 경우 태실의 조성이나 가봉 관련 기록이 없다는 점에서 조성되지 않았을 가능성이 높다.

한편 황해남도 해주시 영광동[44]에는 태봉각(泰峯閣)이 있는데, 내부에는 '인조대왕탄강구기비(仁祖大王誕降舊基碑)'가 세워져 있다. 태봉각은 이곳이 인조의 탄생지라는 사실과 사적화되는 과정을 보여주는 문화재다. 현재 태봉각은 북한에서 보존 유적 제212호로 지정되어 있으며, 황해남도 인민위원회에서 세운 안내 표석을 보면 북한의 김정일 국방위원장이 지적한 "역사 유적과 유물을 잘 관리하고 오래 보존하기 위한 대책을 철저히 세워야 합니다."라는 글 아래 다음과 같이 태봉각을 소개하고 있다.

> "태봉각은 1690년에 세운 비각으로서 당시 봉건 왕실의 <존엄>을 시위하기 위한 목적에서 세운 건물이다. 전체적으로 균형이 잘 잡히고 아담한 이 건물은 예로부터 부용당과 마주하고 있어 대조적 풍치를 이루고 있는 건축 유산이다."

---

42 『조선왕조실록』 인조실록 권14, 1626년(인조 4) 8월 1일 중 "대전(大殿)과 왕세자의 태장(胎藏)이 모두 정토사(淨土寺) 전봉(前峯)에 있다고 합니다. 정부(政府)와 예조 당상, 관상감 제조 각 1원(員)이 가서 그대로 안장되어 있는가를 봉심할 일을 길일을 가려 거행하도록 하소서."

43 인조의 태실은 『인조실록』을 통해 정토사에 조성된 것으로 추정되지만 그 실체가 확인된 바 없다. 또한 일제강점기 당시 황해도 해주면 남본정에서 이봉되었다는 기사가 있는데, 이 경우 두 기록의 진위 여부에 대한 논란이 불가피하다. 황해도 해주에 인조의 태실이 있었을 가능성을 배제할 수 없지만 정작 서삼릉 태실에 인조의 태실이 빠진 부분은 당시 옮겨진 태실이 인조의 것이 아닐 가능성을 시사한다. 실제 인성대군의 태실처럼 이봉 당시에는 단종의 태실로 알고 있었지만, 막상 이봉한 뒤에 인성대군의 태실로 밝혀진 사례가 있다. 따라서 인조 태실의 조성과 위치, 이봉 등은 앞으로도 연구가 필요한 부분이다.

44 『조선향토대백과』에 따르면 영광동의 옛 이름은 태봉동(泰峯洞)으로, 태봉각이 있었기 때문이다.

16 숙종 태실[53]

숙종(肅宗, 재위 1674~1720)의 태실은 충청남도 공주시 태봉동 산64-9번
지로, 태봉산의 정상에 있다. 태실지에는 숙종의 가봉비와 아기비가 있
고, 계곡 방향으로 우상석(遇裳石)과 면상석(面裳石), 우전석(遇磚石)과 면전
석(面磚石), 연엽동자석(蓮葉童子石), 횡죽석(橫竹石)의 파편 등이 남아 있다.
『정조실록』에는 숙종의 태실이 "공주(公州) 남면(南面) 오곡(旿谷) 무수산(無
愁山) 동구(洞口)"에 있다고 했으며, 『승정원일기』와 『태봉등록』에도 숙종의
태실 조성 기록이 남아 있다.

숙종의 아기씨 태실은 관상감(觀象監)에서 장태처와 길일을 올렸는데,
장태처의 후보지로 공주와 청주, 춘천이 언급되었고, 이 가운데 공주로
낙점되었다.[54] 이후 길일을 정한 뒤 태실의 잡물 준비와 도로를 닦는 과

▲ 공주 숙종 태실지. 숙종의 아기비와 가봉비가 남아 있다.

▲ 숙종의 아기비

정을 거쳤다. 1661년(현종 2) 12월 25일에 안태사 형조판서 여이재(呂爾載)는 태봉산에 도착해 태함을 묻고, 봉토(封土)했다. 이후 태실 주변에 표석(標石)을 세우는 순서로 태실의 조성을 마무리했다.

이때 세워진 아기비의 전면에는 '순치십팔년팔월십오일묘시생원자아기씨태실(順治十八年八月十五日卯時生元子阿只氏胎室)', 후면에는 '순치십팔년십이월이십오일진시립(順治十八年十二月二十五日辰時立)'이 새겨져 있다. 이를 통해 태주가 순치 18년인 1661년(현종 2) 8월 15일에 출생한 사실과 같은 해 12월 25일에 태실을 조성했음을 알 수 있는데, 이는 『태봉등록』의 기록과도 일치한다.

한편 현종과 숙종이 재위하던 당시 흉년과 기근으로 인해 태실의 가봉은 계속해서 미뤄졌다. 당시 태실을 조성하는 건 상당한 공력이 들어가는 국책 사업으로, 일반적으로 노동력의 징발은 농번기 이후에 하는 것이 관례였다. 그런데 흉년이 지속

▲ 숙종 태실의 가봉비

▲ 계곡 쪽에 흩어져 있는 숙종의 장태 석물, 확인되는 석물은 전석과 상석이다.

▲ 새롭게 확인된 동자석주

하다 보니 태실의 가봉은 우선순위에서 밀렸다. 그 결과 현종의 태실은 1681년(숙종 7) 10월 20일에, 숙종의 태실은 1683년(숙종 9) 10월 15일에서야 가봉이 이루어질 수 있었다.

『태봉등록』을 보면 숙종의 가봉 태실을 조성할 당시 관상감 제조가 부재중이었기에 이조참판 홍만용(洪萬容)과 공조참판 심재(沈梓)가 공주로 내려갔다. 홍만용과 심재는 1681년 10월 12일 공주에 도착하게 되고, 15일 묘시(卯時)에 석물을 세우고, 화소(火巢) 구간을 측량해 경계를 확정지었다. 이때 세운 가봉비의 전면에는 '주상전하태실(主上殿下胎室)', 후면에 '강희이십이년십월십오일건(康熙二十二年十月十五日建)'이 새겨져 있다. 이를 통해 강희 22년인 1683년

▲ 숙종대왕 태실비(서삼릉), 전면: 숙종대왕태실(肅宗大王胎室), 후면: □□□년오월/자충남공주군목동면이봉(□□□年五月/自忠南公州郡木洞面移封)

110

(숙종 9) 10월 15일에 태실을 조성한 것을 알 수 있는데, 이는 『태봉등록』의 기록과도 일치한다.

숙종의 태실이 이봉되는 과정에서 태지석과 백자 형태의 태항아리가 출토되었으며, 지난 1991년에는 방치되던 숙종의 태실 석물 중 아기비와 가봉비를 수습해 보수했다. 향후 지표 조사를 통해 추가 석물이 발견될 가능성이 높은 곳으로, 이러한 석물들은 숙종 태실을 복원하는 데 있어 중요한 자료가 될 전망이다.

17 경종 태실

▲ 충주 억정사지 대지국사탑비. 경종 태실의 위치를 알 수 있는 엄정립비로 추정된다.

경종(景宗, 재위 1720~1724)의 태실은 충청북도 충주시 엄정면 괴동리 산 34번지로, 태봉의 정상에 있다. 『정조실록』에는 경종의 태실이 "충주(忠

州) 엄정립비(嚴政立碑)[45]의 북쪽 이삼리쯤"에 있다고 적고 있다. 『태봉등록』을 보면 무진년(戊辰年)에 한 차례 연기된 경종의 태실 조성 과정을 알 수 있는데, 1689년(숙종 15) 정월 초1일의 기록을 보면, 왕자의 태실과 관련해 관상감에서 올린 첩정을 보면 일등 태봉의 위치와 관련해 공홍도(公洪道)[46] 충원(忠原)[47]에 있는 경좌갑향(庚坐甲向)[48]이며, 길일은 22일 진시(辰時)로 확정된 것을 알 수 있다. 한편 안태사 심재는 태를 모시고, 2월 16일에 출발해 19일에 태봉 예정지에 도착했다. 예정에 따라 20일부터 태실의 공사를 시작하게 되고, 22일 태를 안치한 뒤 태실 주변으로 금표를 세우는 것으로 태실의 조성을 마무리했다.

▲ 충주 경종 태실

▲ 아기비

45 엄정립비(嚴政立碑)는 충주 억정사지 대지국사탑비로 추정된다.

46 공홍도(公洪道): 옛 충청도의 이름으로, 『숙종실록』을 보면 공청도(公淸道)를 고쳐 공홍도(公洪道)로 고쳤음을 알 수 있다.

47 충원(忠原): 충주의 옛 이름

48 경좌갑향(庚坐甲向): 태실을 중심으로 뒤쪽은 서남쪽, 앞쪽은 동북쪽의 방향

▲ 경종 태실의 가봉비

경종의 아기비의 전면에는 '강희이십칠년십월이십팔일유시생원자아기씨태실(康熙二十七年十月二十八日酉時生元子阿只氏胎室)', 후면에는 '강희이십팔년이월이십이일립(康熙二十八年二月二十二日立)'이 새겨져 있다. 해당 명문을 통해 강희 27년인 1688년(숙종 14) 10월 28일에 출생한 사실과 1689년(숙종 15) 2월 22일에 태실을 조성했음을 알 수 있는데, 이는『태봉등록』의 기록과 일치한다.

한편 숙종이 세상을 떠난 뒤 경종이 왕위에 올랐지만 재위 기간은 4년에 불과했고, 생전에 태실이 가봉되지 못했다. 경종 태실의 가봉은 영조가 즉위한 이후인 1726년(영조 2)에 본격적인 논의가 시작된다. 가봉 이전 경종 태실에 대해 좌의정 홍치중(洪致中)은 "태봉의 석물은 상석 하나와 표석 하나에 불과하다"고 말하며, 더 넘기지 말고 가을에 경종 태실의 가봉을 주청했다. 이에 영조 역시 즉위 후 바로 가봉을 하지 못한 것에 대한 소회를 말하며, 경종의 태실 가봉을 윤허했다. 이후 관상감의 첩정을 통해 태실 가봉의 길일을 9월 초8일로 정했고, 공사의 시작이 8월 23일이었다는 사실을 알 수 있다.

선공감 제조 김택현(金宅賢)과 관상감 제조 정형익(鄭亨益)은 초7일에 태봉에 도착, 미리 배치된 석물을 확인한 뒤 초8일 안배를 거쳤다.[55] 이후

▲ 장태 석물

▲ 중앙태석

화소 범위를 새롭게 측량하고, 300보 지점에 금표를 새로 세우는 것으로 경종 태실의 가봉을 마무리했다. 한편 가봉비의 전면에는 '경종대왕태실(景宗大王胎室)', 후면에는 '옹정사년칠월초팔일건(雍正四年七月初八日建)'이 새겨져 있다. 이를 통해 가봉 일자가 옹정 4년인 1726년(영조 2) 7월 초8일인 것을 알 수

▲ 경종대왕 태실 비대(서삼릉), 전면: 비신 없음. 후면: 비신 없음

있다.[49] 한편 경종 태실이 이봉된 이후 남아 있던 장태 석물 가운데 연엽주석과 연엽동자석, 횡죽석 등은 엄정면사무소의 수목을 보호하기 위한 마당장식으로 사용되기도 했다.[56] 또한 태실로 올라가는 입구에 하마비(下馬碑)가 세워져 있다.

---

49 다만 『태봉등록』에서는 9월 초8일에 태실을 조성했다고 했지만, 가봉비에는 7월 초8일이 새겨져 있어 차이를 보인다.

18 영조 태실

영조(英祖, 재위 1724~1776)의 태실지는 충청북도 청주시 상당구 낭성면 무성리 산5번지로, 현재 태실 관련 석물은 정상이 아닌 숭모재를 지나 정상으로 가는 길 왼쪽에 있다. 『정조실록』에는 영조의 태실이 "청주(淸州) 산내(山內) 일동면(一東面) 무쌍리(無雙里)"에 있다고 적고 있다. 이는 『태봉등록』에서도 확인이 되는데, 관상감에 올린 첩정을 보면 일등 태봉지로 충청도 청주 산내 일동면 무쌍리의 묘좌유향(卯坐酉向)[50]으로 낙점된 사실과 을해년(乙亥年, 1695년) 정월 28일을 진시(辰時)로 장태일이 결정되었음을 알 수 있다. 이후 지방에 할당량을 주어 태실에 쓸 잡물과 도로를 닦는 과정을 거쳐 1695년 2월 24일 안태사 윤이림(尹爾霖)은 태를 받들고 출발, 27일 태봉 점혈터에 도착했다. 이어 28일 진시에 태를 안치한 뒤 화소의 측량과 금표를 세우는 것으로 태실 조성이 마무리되었다.

▲ 영조의 아기비

▲ 청주 영조 태실의 전경

---

50 묘좌유향(卯坐酉向): 태실을 중심으로 뒤쪽은 동쪽, 앞쪽은 서쪽 방향

아기비의 전면에는 '강희삼십삼년 구월십삼일인시생왕자아기씨태실(康熙三十三年九月十三日寅時生王子阿只氏胎室)', 후면에는 '강희삼십사년정월이십팔일립(康熙三十四年正月二十八日立)'이 새겨져 있다. 해당 명문을 통해 강희 33년인 1694년(숙종 20) 9월 13일에 출생한 사실과 1698년(숙종 21) 정월 28일에 태실을 조성한 사실을 알 수 있는데, 이는 『태봉등록』의 기록과 일치한다. 영조의 태

▲ 영조 태실의 가봉비

실이 가봉된 것은 1729년(영조 5)으로, 『태봉등록』을 보면 길일이 10월 14일 오시(午時)로 낙점되었음을 알 수 있다. 『영조대왕태실석난간조배의궤(英祖大王胎室石欄干造排儀軌)』를 보면 가봉 당시 영조의 태실이 있던 태봉의 화소 안은 민둥산이 되어 있을 만큼 관리가 되지 않았다. 이와 함께 영조

▲ 장태 석물

▲ 중앙태석

태실의 가봉에 숙종 태실의 석물과 치수 등을 참고한 사실과 석재를 태봉으로부터 10리 떨어진 청주목 동면 상현암리(上玄巖里)에서 채취해 사용했음을 알 수 있다.

▲ 영조대왕 태실비(서삼릉), 전면: 영조대왕태실(英祖大王胎室), 후면: □□□년오월/자충북청주군낭성면이봉(□□□年五月/自忠北淸州郡琅城面移封)

영조의 태실지는 일제강점기 때 태실이 이봉되면서, 부지는 민간에 팔렸다. 때문에 현재 영조 태실의 위치는 제 위치가 아닌 곳에 복원되어 있는 것이다.[51] 이러한 과정에서 태실 석물은 방치되었는데, 실제 아기비의 경우 대구의 한 골동품상에서 확인되어 구매 후 현 위치로 옮겨지기도 했다. 지금은 영조 태실의 복원이 이루어져 아기비와 가봉비, 장태 석물의 형태가 잘 남아 있다. 한편 가봉비의 전면에는 '주상전하태실(主上殿下胎室)', 후면에는 '옹정칠년십월십사일건(雍正七年十月十四日建)'이 새겨져 있다. 이를 통해 옹정 7년인 1729년(영조 5) 10월 14일에 가봉 태실을 조성했음을 알 수 있는데, 이는 『태봉등록』의 내용과 일치한다. 이와 함께 영조 태실의 가봉을 기록한 『영조대왕태실석난간조배의궤(英祖大王胎室石欄干造排儀軌)』[52]의 필사본이 청주 고인쇄박물관에 남아 있다. 한편 영조의 태실이 이봉되는 과정에서 태지석과 백자 형태의 태항아리가 출토되었다.

---

51 안내문을 보면 아기비의 경우 대구의 한 골동품상에서 확인되어 구매 후 현 위치로 옮겨졌다고 한다.

52 보물 제1901–11호로 승격된 『영조대왕태실석난간조배의궤(英祖大王胎室石欄干造排儀軌)』

19 장조 태실

장조(莊祖, 1735~1762)의 태실은 경상북도 예천군 효자면 명봉리 산2번
지로, 문종 태실에서 약 400m 정도 떨어진 태봉의 정상에 있다. 한국학
중앙연구원 장서각에 소장 중인『장조태봉도』를 보면 태실 주변의 지형
과 배치 등이 잘 묘사되어 있다. 장조는 정조의 아버지인 사도세자(思悼
世子)[53]로, 주목해 볼 점은 정조가 사도세자의 태실을 가봉했다는 점이다.
일반적으로 태실의 가봉은 왕의 전유물과도 같았기에 세자의 신분이었던
사도세자의 태실 가봉은 전례에 없던 파격적인 것이었다.

▲ 화성 융릉(隆陵), 숙종 이후 가장 화려하게 조성된 능이다.

---

53 정조가 왕위에 오른 뒤 사도세자를 장헌세자(莊獻世子)로 추존했다. 이후 1899년(고종 36) 장종(莊
宗)을 거쳐 장조의황제(莊祖懿皇帝)로 추존이 되었다. 이 때문에 장조의 능호는 수은묘(垂恩墓)와
영우원(永祐園), 현륭원(顯隆園) 등을 거쳐 융릉(隆陵)의 능호를 받게 되었다. 정조는 사도세자의
영우원을 수원부의 화산으로 천봉했다. 이후 영우원은 현륭원으로 바뀌게 되는데, 현륭원은 병
풍석을 비롯해 와첨과 상석 등 숙종 이후 가장 화려하게 조성된 능묘였다.

●『장조태봉도』
ⓒ 한국학중앙연구원 장서각

▲ 예천 장조 태실

▲ 장태 석물   ▲ 중앙태석

사도세자의 태실 가봉과 관련한 중요한 금석문이 바로 예천 명봉리 경모궁[54] 태실 감역[55] 각석문[56](醴泉 鳴鳳里 景慕宮 胎室 監役 刻石文)이다. 해당 각석문은 명봉사 일주문에서 명봉사 방향으로 대략 100m 정도 이동하면 볼 수 있다. 내용은 사도세자 태실의 가봉과 관련한 기록으로 당시 공사

책임자와 인원 등을 새겼다. 이처럼 태실의 가봉이 마무리된 뒤 공사를 담당했던 서표관인 관상감 제조 홍양호(洪良浩)는 정헌대부로, 감역관인 풍기군수 이대영(李大永)은 통정대부로 올려졌다.[57]

▲ 예천 명봉리 경모궁 태실 감역 각석문

▲ 명봉사 사적비. 원래 사도세자 태실의 가봉비였으나. 지금은 명봉사 사적비로 탈바꿈했다.

정조는 사도세자 태실에 대해 각별한 관심을 보였는데, 『일성록』을 보면 명봉사의 승려 채옥(采玉) 등이 태실의 사표(四標) 내에서 집복(執卜)[57]과 산렵(山獵: 사냥)을 금단할 것과 조세 일부를 면해주는 견감(蠲減)을 요청했다. 이에 대해 정조는 명봉사가 중시되는 것은 경모궁의 태봉이 있기 때문이라고 말하며, 관문(關文)을 보내 폐단을 없앨 것을 하교했다.[58]

---

54 경모궁(景慕宮): 사도세자의 사당으로, 사도세자를 지칭하는 용어로 사용됨. 현재 서울시 종로구 연건동에 자리한 서울대학교 병원에 경모궁의 옛터가 남아 있음

55 감역(監役): 토목, 건축 등의 공사를 감독. 여기서는 태실 조성 공사의 감독을 의미

56 각석문(刻石文): 그림이나 글을 돌이나 바위에 새긴 것으로, 대표적인 사례로 울주 천전리 각석(국보 제147호)이 있다.

57 집복(執卜): 관리가 토지와 농작물의 상태를 답사해 세금을 매기는 행위를 말한다.

▲ 장조 태실의 가봉비

한편 명봉사 경내에 있는 명봉사 사적비를 주목해야 하는데, 보통 사적비(事蹟碑)는 사찰의 창건과 중수 등의 기록으로, 여느 사찰에서나 흔하게 볼 수 있다. 그런데 명봉사 사적비는 일반적인 사적비와 달리 그 생김새부터 다르다. 왜냐하면 명봉사 사적비는 최초 사도세자의 가봉비였기 때문이다. 일제강점기 당시 지금의 서삼릉으로 사도세자의 태실이 이봉되면서, 태실 석물은 방치된 채 관리의 사각지대에 있었다. 이후 사도세자의 가봉비는 명봉사 경내로 옮겨졌고, 비신을 갈아 명봉사 사적비로 탈바꿈했던 것이다. 현재 사도세자 태실은 발굴 조사를 거쳐 복원이 이루어진 상태다. 특히 가봉비의 경우 명봉사 사적비의 귀롱대석이 태실지로 옮겨졌고, 그 위로 비신과 이수를 새롭게 복원한 모습이다. 이러한 복원이 가능했던 건 한국학중앙연구원 장서각에 사도세자 태실비의 탁본이 남아 있기 때문이다.

복원된 가봉비의 전면에는 '경모궁태실(景慕宮胎室)'이 새겨져 있다. 『일

▲ 장조의 아기씨 태실 비대

122

▲ 장조의황제 태실비(서삼릉), 전면: 장조
의황제태실(莊祖懿皇帝胎室), 후면: □□
□년오월/자경북영주군상리면이봉(□□
□年五月/自慶北榮州郡上里面移封)

성록』을 보면 경모궁 태실이 새겨진 배경을 알 수 있는데, 영의정 서명선(徐命善)이 가봉비의 경우 전면에 '주상전하태실' 혹은 '□□대왕태실'이라 새기는 것이 전례인데, 사도세자의 경우는 어떻게 새겨야 하는지 정조에게 물었다. 그러자 정조는 직접 경모궁 태실을 새길 것을 하교했다. [59] 가봉비의 후면에는 건륭오십년을사삼월초팔일건(乾隆五十年乙巳三月初八日建)이 새겨져 있는데, 건륭 50년인 1785년(정조 9) 3월 초8일에 가봉이 이루어졌음을 알 수 있다. 또한 사도세자의 태실과 관련한 기록은 『정조실록』과 『일성록』에 잘 남아있다. 한편 장조의 태실이 이봉되는 과정에서 태지석과 백자 형태의 태항아리가 출토되었다.

20 정조 태실

정조(正祖, 1776~1800)의 태실은 강원도 영월군 영월읍 정양리 산133번지로, 정양산성으로 올라가는 등산로 상에 있다. 하지만 최초 태실이 있던 자리에는 석회 광산이 들어서며 훼손되었고, 태실 석물은 한때 금강공원에 전시되다가 현 위치로 옮겨졌다. 『영조실록』을 보면 1752년 11월 25일에 원손의 태봉을 계족산 서쪽 기슭 계좌정향(癸坐丁向)[58]으로 정한 사실과 계유년(癸酉年, 1753) 정월을 기다려 태실을 조성할 것을 결정했다. 정조가 즉위한 이후 조정에서는 정조 태실의 가봉에 대한 여러 번의 주청이 있었지만, 그때마다 풍년 이후로 연기하거나 추수, 추위 등을 이유로 계속 미뤄졌다.

▲ 영월 정조 태실

▲ 정조 태실의 장태 석물

▲ 중앙태석

정조 태실의 본격적인 가봉 논의는 순조가 즉위한 뒤 시작되는데,『정종대왕태실가봉의궤(正宗大王胎室加封儀軌)』를 보면 1801년(순조 1) 4월 16일에 영의정 심환지(沈煥之)가 정조 태실의 가봉을 진행하는 것이 좋겠다는 주청을 하게 되고, 이에 순조가 화답하면서 시작되었다. 이어 경모궁 태실의 사례를 상고한 뒤 예조판서 정대용(鄭大容)을 서표관으로 삼았다. 순조는 10월 9일에 정조 태실의 가봉을 27일 이전에 거행할 것을 명했다. 이에 정대용은 23일 영월에 도착한 뒤 화소의 경계에 표석을 세우고, 미리 준비된 석재[59]를 하나씩 배치했다. 그 결과 27일에 개첨석과 비석을 세운 뒤 구 표석과 대석을 인근에 묻는 것으로, 정조 태실의 가봉이 마무리되었다.[60]

▲ 아기비

▲ 가봉비

▲ 정종(正宗), 정조의 애초 묘호는 정종이었다.

현재 정조 태실의 석물은 아기비와 가봉비, 장태 석물 등이 남아 있다. 아기비의 전면에는 '건륭십칠년구월이십이일축시생원손아기씨태실(乾隆

---

59 정조 태실의 가봉에 사용된 석재는 제천(堤川)에서 떠서 사용했다.

十七年九月二十二日丑時生元孫阿只氏胎室)',
후면에는 '건륭십팔년정월이십일일립
(乾隆十八年正月二十一日立)'이 새겨져 있
다. 이를 통해 건륭 17년인 1752년(영
조 28) 9월 22일에 출생한 사실과 1753
년(영조 29) 정월 20일에 아기씨 태실을
조성했음을 알 수 있다. 또한 가봉비의
전면에는 '정종대왕태실(正宗大王胎室)'[60]
후면에는 '가경육년십월이십칠일건(嘉
慶六年十月二十七日建)'이 새겨져 있다. 이
를 통해 가경 6년인 1801년(순조 1) 10월
27일에 가봉되었음을 알 수 있는데, 이
는 『정종대왕태실가봉의궤(正宗大王胎室
加封儀軌)』에 나오는 기록과 일치한다.

▲ 정조선황제 태실비(서삼릉). 전면: 정조
선황제태실(正祖宣皇帝胎室). 후면: □□
□년오월/자강원도영월군하동면이봉(□
□□年五月/自江原道寧越郡下東面移封)

21 순조 태실

순조(純祖, 재위 1800~1834)의 태실은 충청북도 보은군 속리산면 사내리
산1-1번지로, 위치는 세심정 갈림길의 우측에 있는 태봉의 정상에 자리
하고 있다. 『정조실록』에는 원자의 태봉을 보은현 속리산 아래에 있는 을
좌신향(乙坐辛向)[61]의 자리로 정했다는 기록이 있다. 1806년(순조 6) 4월 20

---

60 정조의 최초 묘호는 정종(正宗)으로, 조선왕실에서는 종(宗)보다는 조(祖)를 선호하는 경향을 보인
다. 고려의 경우 조가 붙는 왕이 태조 왕건 한 명인 것과 대조되는 부분이다.

61 을좌신향(乙坐辛向): 태실을 중심으로 뒤쪽은 동남쪽, 앞쪽은 서북쪽인 방향

●「순조태봉도
ⓒ 한국학중앙연구원 장서각

일에 영의정 이병모(李秉模)가 태실 가봉에 대한 주청을 올리면서 순조 태실에 대한 가봉 논의가 시작된다. 이어 관상감에서 10월 12일 오시(午時)를 길일로 택해 올리게 되고, 가봉 태실의 석물은 정조 태실의 예와 같이 했다. 또한 석물에 쓰일 돌은 수한면(水汗面) 묘동리에서 뜨도록 했으며, 서표관인 김사목(金思穆)은 초8일에 보은현(報恩縣)에 도착해 준비된 태실 석재를 차례대로 임시 안치한 뒤 길일에 맞추어 태실의 조성을 마쳤다. 이와 함께 본래 200보에 세워졌던 금표를 다시 측량한 뒤 300보에 맞추어 금표를 세웠는데, 이 중 서쪽에 세운 금표는 지금도 남아 있다.[61]

　순조는 태실 가봉에 관여한 감동관 이하에게 시상하는 한편 전례에 따라 왕의 태실을 안치한 보은현을 보은군(報恩郡)으로 승격시켰다.[62] 이와 함께 한국학중앙연구원 장서각에는 『순조태봉도』가 남아 있는데, 해당 태봉도를 통해 태봉의 지형과 가봉 태실의 형태를 확인할 수 있다. 또한 태봉을 중심으로 법주사와 문장대 등이 잘 묘사되어 있다. 현재 순조의 태

▲ 보은 순조 태실의 전경

▲ 가봉비

▲ 장태 석물

▲ 중앙태석

▲ 순조숙황제 태실비(서삼릉). 전면: 순조
숙황제태실(純祖肅皇帝胎室), 후면: □□
□년오월/자충북보은군속리면이봉(□□
□年五月/自忠北報恩郡俗離面移封)

실은 가봉비와 장태 석물 등이 잘 남아 있으며, 가봉비의 전면에는 '주상전하 태실(主上殿下胎室)', 후면에는 '가경십일년십월십이일건(嘉慶十一年十月十二日建)'이 새겨져 있다.[62] 이를 통해 가경 11년인 1806년(순조 6) 10월 12일에 가봉이 이루어졌음을 알 수 있는데, 이는 『순조태실석난간조배의궤(純祖胎室石欄干造排儀軌)』의 내용과 일치한다.

---

62 해당 가봉비의 경우 한국학중앙연구원 장서각에 탁본이 남아 있다.

법주사와 속리산 일대에는 순조 태실과 관련이 있는 표석들이 있어 주목된다. 대표적으로 태실 조성 당시 세워진 금표와 화소, 하마비 등이 있다. 이밖에 법주사에 세워진 봉교비(奉敎碑)를 주목해야 하는데, 해당 비석을 통해 법주사와 순조 태실의 연관성을 짚어볼 수 있기 때문이다. 봉교비의 전면에는 '봉교/금유객제잡역/함풍원년삼월일립/비변사(奉敎/禁遊客除雜役/咸豊元年三月日立/備邊司)'가 새겨져 있다. 여기서 봉교(奉敎)란 임금이 내린 명령을 받든

▲ 법주사 봉교비

다는 의미로, 금유객제잡역(禁遊客除雜役)은 법주사 일대에서 노는 행위를 금지하고 승려들의 잡역을 면제한다는 의미로 해석된다. 또한 함풍 원년인 1851년(철종 2) 3월에 세워진 사실과 당시의 중앙 관청인 비변사(備邊司)의 주도로 세운 것을 알 수 있다.

노는 행위의 금지는 당시 조선 선비들의 산수유람과 연결 지을 수 있는데, 대표적으로 남몽뢰(南夢賚)가 속리산을 다녀온 뒤 남긴 〈유속리산기〉가 이를 잘 보여

▲ 순조 태실의 금표. 전면에 금표(禁標), 후면에 서(西)가 새겨져 있다.

▲ 순조 태실의 하마비(前)와 화소(後)

주고 있다. 또한 이옥이 쓴 『중흥유기』에는 이옥의 일행이 북한산을 유람하면서 이틀간 밥을 먹고 머문 곳이 태고사(太古寺)와 진국사(鎭國寺)였다. 따라서 봉교비에 언급된 노는 행위의 금지는 법주사가 있는 일대는 순조의 태실이 있는 곳이니, 이곳에서 행패를 부리거나 노는 행위를 금지한다는 의미로 해석된다. 승려들의 잡역을 면제한 것 역시 법주사가 순조 태실을 수호하는 역할을 했기 때문으로, 『일성록』에는 예천 용문사의 사례를 언급하며, 문효세자의 태실을 봉안한 뒤 승려들이 태실을 수호하기에 잡역에 동원되면 용문사의 지탱이 어렵고, 태실 수호에 차질이 생긴다는 이유로 잡역을 면해줘야 한다는 내용이 있다. 자세한 내용은 문효세자 태실을 참고하면 된다.

22 문조 태실

문조(文祖, 1809~1830)의 태실은 포천 성동리 익종 태실로도 불리며, 포천시 영중면 성동리 산95-1번지에 있는 태봉의 정상에 있었다. 현재 태실지는 분묘가 들어서 훼손된 상태로, 태실 석물은 한국전쟁 이후 육군

▲ 문조 태실의 석물

▲ 귀롱대석

▲ 중앙태석. 개첨석과 중동석이다.

제5군단에서 인수하여 보관했으며 1977년 영평천변 소공원으로 옮겨졌다.[63] 문조는 순조와 순원왕후 김씨 소생의 효명세자(孝明世子)로, 22살의 젊은 나이에 요절했기에 생전에 왕위에 오르지는 못했다. 하지만 헌종이 즉위한 뒤 아버지인 효명세자를 익종(翼宗)으로 추존했고, 훗날 대한제국이 선포되면서 고종에 의해 문조익황제(文祖翼皇帝)로 다시 추존되었다.

▲ 난간석을 이루는 연엽주석과 동자석주, 횡죽석

문조의 태실 관련 기록은 『원자아기씨장태의궤(元子阿只氏藏胎儀軌)』와 『익종대왕태실가봉석난간조배의궤(翼宗大王胎室加封石欄干造排儀軌)』 등이 있어, 태실의 조성 과정을 상세하게 알 수 있다. 『원자아기씨장태의궤』를 보면 효명세자가 태어난 이후 관상감에서 삼망단자를 올렸는데, ▶경기 영평현 상리면 ▶강원도 춘천부 수청원 ▶공충도 보은현 외속리산이었다.

63 경기문화재연구원, 2021, 『2020 경기도 태봉태실 조사보고서』 299p 중 이응수(67)님의 증언은 다음과 같다. "1980년대 중반에 영평천 일대에 방어진지를 구축했는데, 그때 석물들이 많이 흩어진 것을 5군단에서 모아 보관하다가 현재 위치로 옮겼다."

이 가운데 문조의 태실은 경기 영평현 상리면으로 결정되었고, 길일은 장태법에 따라 5개월 뒤인 1809년(순조 9) 12월 21일 오시(五時)로 결정되었다. 안태사 홍명호(洪明浩)는 문조의 태와 함께 12월 18일에 출발해 20일에 영평현에 도착했다. 이후 21일 경기관찰사인 김재창(金在昌)과 함께 태를 묻고, 200보를 측정한 뒤 화소를 조성했다.[63]

1835년(헌종 1) 5월 초10일에 영의정 심상규(沈象奎)는 익종 태실의 가봉에 대해 주청하게 되고, 이에 관상감에서 가봉 태실의 길일을 1836년(헌종 2) 3월 21일 진시(辰時)로 올렸다. 또한 석물에 쓰일 돌은 성동에서 뜨도록 했으며, 제조겸서표관(提調兼書標官)인 신재식(申在植)과 경기관찰사 겸 순찰사 김도희(金道喜)는 3월 20일 영평현에 도착한 뒤 준비된 석물을 안치하고 21일 진시(辰時)에 태실의 조성을 마쳤다. 이후 화소와 금표를 측량해 100보를 추가해 사방에 표석을 세웠다. 이와 함께 문조 태실의 석물 가운데 대소인원하마비(大小人員下馬碑)가 새겨진 하마비가 있다. 가봉비의 경우 귀룡대석만 남아 있는데, 비신에 새겨진 명문은『익종대왕태실가봉석난간조배의궤(翼宗大王胎室加封石欄干造排儀軌)』에 남아 있다. 가봉비의 전면에는 '익종대왕태실(翼宗大王胎室)', 후면에는 '도광십육년삼월이십일일건(道光十六年三月二十一日建)'이 새겨졌음을 알 수 있다.

23 헌종 태실

헌종(憲宗, 재위 1834~1849)의 태실은 충청남도 예산군 덕산면 옥계리 산 6-2번지로, 태실지에는 귀룡대석과 전석, 중앙태석 등 일부 석물이 복원되어 있다. 헌종의 아기씨 태실은 1827년(순조 27)에 조성되었는데,『원손

아기씨안태등록(元孫阿只氏安胎謄錄)』에 관련 기록이 잘 남아 있다. 관상감에서 태실 조성 후보지로 ▶공충도 덕산현 서면 가야산 명월봉 자좌오향(子坐午向)[64] ▶공충도 회인현 북면 27리 자좌오향(子坐午向) ▶강원도 춘천부 수청원 자좌오향(子坐午向) 등을 적은 삼망단자를 올렸다. 이 가운데 태실지는 공충도 덕산현 서면 가야산 명월봉으로 낙점되었다. 이후 11월 11

▲ 예산 헌종 태실

▲ 헌종 태실의 귀롱대석

▲ 헌종 태실의 장태 석물

---

64 자좌오향(子坐午向): 태실을 중심으로 뒤쪽은 자방(子方), 앞쪽은 오방(午方)인 방향

• 『헌종태봉도』
© 한국학중앙연구원 장서각

▲ 옥계저수지에서 발견된 가봉비의 하단과 사방석 ⓒ 예산군청

일 신시(申時)로 길일이 정해졌으며, 안태사로 공조판서 이지연(李止淵)을 보내 태실을 조성했다.[64]

헌종 태실의 가봉은 『성상태실가봉석난간조배의궤(聖上胎室加封石欄干造排儀軌)』에 잘 남아 있다. 1845년(헌종 11)에 영의정 김도희(金道喜)가 헌종이 즉위한 지 11년이 지났는데도, 아직 태실을 가봉하지 않은 것에 대해 언급한 뒤 가봉을 주청하게 된다. 이에 헌종이 내년 봄에 하는 것이 좋겠다는 하교를 내렸다. 이에 관상감에서는 길일은 1846년(헌종 12년) 3월 21일 묘시(卯時)로 낙점이 되었고, 관상감 제조(觀象監提調)인 서기순(徐耆淳)은 3월 19일 덕산에 도착한 뒤 21일 묘시에 헌종 태실의 가봉을 진행했다. 가봉비는 서표관인 홍학연(洪學淵)이 전면에 '주상전하태실(主上殿下胎室)', 후면에 '도광이십칠년삼월이십일일건(道光二十七年三月二十一日建)'을 새겼다. 이를 통해 도광 27년인 1845년 3월 21일에 가봉되었음을 알 수 있다. 이와 함께 금표와 화소는 기존의 200보에서 100보를 추가로 측량해 사방에 표석을 세웠으며,[65] 한국학중앙연구원 장서각에 『헌종태봉도』가 남아 있

어 헌종 태실의 지형과 가봉 태실의 형태 등을 알 수 있다.

일제강점기 때 헌종의 태실이 이봉된 후 태실지에 남아 있던 석물은 방치된 채 관리의 사각지대에 놓이게 된다. 그 결과 일부 석물의 도난과 유실이 있었다. 가령 1960년대에 찍힌 태실 사진에는 연엽주석이 남아 있었지만, 지금은 행방을 알 수가 없다. 다만 옥계저수지에 석물을 버렸다는 증언이 있었는데, 지난 2015년 예산군에서는 옥계저수지에 대한 조사를 진행했다. 이 과정에서 사라진 헌종 태실의 가봉비 하단 부분

▲ 헌종성황제 태실비(서삼릉). 전면: 헌종성황제태실(憲宗成皇帝胎室). 후면: □□□년오월/자충남예산군덕산면이봉(□□□年五月/自忠南禮山郡德山面移封)

과 사방석이 발견되어 관련 증언이 사실로 입증되었다. 특히 가봉비의 하단 전면에 '하태실(下胎室)', 후면에 '월이십일일건(月二十一日建)'이 새겨져 있는데, 이는 『성상태실가봉석난간조배의궤(聖上胎室加封石欄干造排儀軌)』에 기록된 내용과 일치한다.

여기서 잠깐! 철종과 고종의 태실은?

역대 왕들의 태실 가운데 철종[65]과 고종[66]의 태실은 남아 있지 않다. 애

---

65 영조-사도세자(추존 장조)-은언군-전계대원군-철종
66 영조-사도세자-은신군-남연군(양자, 인평대군 8대손)-흥선대원군-고종

초 왕자의 신분으로 태어난 것이 아니기에 아기씨 태실이 조성되지 않았고, 왕위에 오른 뒤에도 별도의 가봉 태실을 조성한 기록은 확인되고 있지 않다. 여기에 서삼릉 태실에서도 철종과 고종의 태실을 찾을 수 없는 점을 미루어 보면 철종과 고종의 태실은 조성되지 않았을 가능성이 높다.

24 순종 태실

순종(純宗, 재위 1907~1910)의 태실은 충청남도 홍성군 구항면 태봉리 366-38번지로, 현재 태실이 있었던 태봉산은 흔적도 없이 사라진 상태다. 순종의 태실 관련 기록은『승정원일기』에 간략하게 언급이 되어 있는데, 1874년(고종 11) 순종이 태어난 지 한 달이 지날 무렵 원자의 태실 조성 관련 기록이 있다. 3월 28일에 태실지로 충청도 결성현(結城縣) 구항면 난산 갑좌경향(甲坐庚向)[67]으로 기록되어 있으며, 장태 날짜는 같은 해 6월로 확인된다. 이와 함께 서삼릉에서 출토된 태지석을 보면 동치 13년인 1874년(고종 11) 2월 8일에 출생한 사실과 같은 해 6월 8일에 원자의 태실을 조성했음을 알 수 있다. 이러한 순종의 태실은 한국학중앙연구원 장서각에 소장 중인『순종태실도』를 통해 태실 주변 지형과 태봉의 형태 등을 알 수 있다.

한편 순종의 태실은 별도의 가봉은 이루어지지 않은 것으로 보인다. 가봉 태실의 경우 왕위에 오른 뒤 조성하는 전례를 비추어봤을 때 순종이 즉위했을 1907년은 1905년에 있었던 을사늑약(乙巳勒約)으로 인해 사실상 나라가 망한 상태였다. 이를 보여주듯 순종 태실에 대한 가봉 기록은 남

---

67 갑좌경향(甲坐庚向): 태실을 중심으로 뒤쪽은 동북쪽, 앞쪽은 서남쪽인 방향

▲『순종태실도』ⓒ 한국학중앙연구원 장서각

▲ 태봉리. 순종의 태실이 있어 붙여진 지명이다.

아 있지 않고, 『순종태실도』에서도 가봉의 흔적은 찾기가 어렵다. 또한 가봉 태실과 관련한 석물이 발견되지 않는 것을 보면 순종의 태실은 최초 아기씨 태실의 형태로만 조성되었다가 일제강점기 때 서삼릉으로 이봉된 것으로 판단된다.

『조선의 태실1(1999)』을 보면 순종의 태실 관련 석물은 화소 표석과 함께 구항초등학교 교정에 있었던 태함의 개석이 있었다. 하지만 태함의 개석은

▲ 순종 태실지의 원경. 지금은 태봉산의 흔적을 찾기가 어렵다.

▲ 순종 태실의 유일한 흔적인 화소 표석

▲ 순종효황제 태실비(서삼릉), 전면: 순종
효황제태실(純宗孝皇帝胎室), 후면: □□
□년오월/자충남홍성군구항면이봉(□□
□年五月/自忠南洪城郡龜項面移封)

학교의 신축 과정에서 땅에 묻었다고
전한다. 따라서 현재 순종의 태실과 관
련해 유일하게 남은 흔적이 화소 표석
뿐이다. 화소 표석은 태실지에서 약 250m 떨어져 있는데, 전례를 볼 때
태봉산을 중심으로 사방의 경계에 화소 표석을 세웠을 것으로 추정된다.

3
장

왕자·왕녀들의 태실

01 세종

성주 세종대왕자 태실

성주 세종대왕자 태실은 경상북도 성주군 월항면 인촌리 산8번지로, 태봉의 정상에는 세종의 왕자와 원손 시절의 단종 태실을 포함해 총 19기의 태실이 밀집되어 있다. 태실비의 외형은 비수의 형태가 말각형이라 부르는 규형(圭形)으로, 측면이 비스듬하게 각이 진 형태다. 『문종실록』을 보면 "왕세자의 태실이 성주의 여러 대군들의 태실 옆에 기울여져 보토(補土)한 곳에 있으니 진실로 옳지 못합니다."라는 기록이 있어 세종의 왕자 태실과 단종의 원손 시절 태실이 함께 조성되었음을 알 수 있다. 성주 세종대왕자 태실은 조선왕실에서 조성한 태실 중 가장 많은 수의 태실이 집장된 사례로, 다음 표와 같이 정리된다.

순번	태실	모(母)	태실비 명문	입비 시기
1	진양대군[68] (晉陽大君)	소헌 왕후	晉陽大君王瑈胎藏 / 皇明正統三年戊午三月十日甲午立石	1438년 3월 10일
2	안평대군 (安平大君)	소헌 왕후	태실비 훼손(반파)	미상
3	임영대군 (臨瀛大君)	소헌 왕후	臨瀛大君璆胎藏 / 皇明正統四年己未五月二十九日丙子立石	1439년 5월 29일
4	광평대군 (廣平大君)	소헌 왕후	廣平大君璵胎藏 / 皇明正統四年己未五月二十四日辛未立石	1439년 5월 24일
5	금성대군 (錦城大君)	소헌 왕후	태실비 훼손	미상
6	평원대군 (平原大君)	소헌 왕후	平原大君琳胎藏 / 皇明正統四年己未五月二十六日??立石	1439년 5월 26일
7	영흥대군[69] (永興大君)	소헌 왕후	永興大君琰胎藏 / 皇明正統四年己未八月初八日??立石	1439년 8월 8일
8	화의군 (和義君)	영빈 강씨	태실비 훼손	미상
9	계양군 (桂陽君)	신빈 김씨	桂陽君增胎藏 / 皇明正統四年己未五月二十四日辛未立石	1439년 5월 24일
10	의창군 (義倉君)	신빈 김씨	義倉君玒胎藏 / 皇明正統三年戊午三月十一日己未立石	1438년 3월 11일
11	한남군 (漢南君)	혜빈 양씨	태실비 훼손	미상
12	밀성군 (密城君)	신빈 김씨	密城君琛胎藏 / 皇明正統四年己未八月初八日癸未立石	1439년 8월 8일
13	수춘군 (壽春君)	혜빈 양씨	壽春君玹胎藏 / 皇明正統四年己未八月初八日癸未立石	1439년 8월 8일

표 계속 ▷

---

68 세조의 대군 시절 군호는 여러 번의 변화가 있었는데, 1428년(세종 10) 6월 16일 진평대군(晉平大君)으로 봉군되었다. 이후 1433년(세종 15) 7월 1일 진양대군(晉陽大君)을 거쳐 1445년(세종 27) 2월 11일에 수양대군(首陽大君)으로 군호가 바뀌었다. 태실비에는 진양대군으로 표기되어 있다.

69 영응대군은 최초 1441년(세종 23) 1월 11일에 영흥대군(永興大君)으로 봉군되었다. 이후 1447년 (세종 29) 1월 16일에 역양대군(歷陽大君)을 거쳐 같은 해 3월 10일 영응대군(永膺大君)으로 군호가 바뀌었다. 때문에 태실비에 남아 있는 영흥대군은 영응대군을 이야기하는 것이다.

순번	태실	모(母)	태실비 명문	입비 시기
14	익현군 (翼峴君)	신빈 김씨	翼峴君王運胎藏 / 皇明正統四年己未八月初八日癸未立石	1439년 8월 8일
15	영풍군 (永豊君)	혜빈 양씨	태실비 훼손	미상
16	영해군 (寧海君)	신빈 김씨	璋胎藏 / 皇明正統四年己未八月初八日癸未立石	1439년 8월 8일
17	담양군 (潭陽君)	신빈 김씨	璖胎藏 / 皇明正統四年己未五月二十四日辛未立石	1439년 5월 24일
18	왕자 당(瑭)	미상	瑭胎藏 / 皇明正統七年壬戌十月二十三日庚戌立石	1442년 12월 23일
19	원손 태실 (단종)	현덕 왕후	元孫胎藏 / 皇明正統六年辛酉閏十一月二十六日己丑 立石	1441년 11월 26일

〈표-7〉 성주 세종대왕자 태실의 현황

성주 세종대왕자 태실의 현재 모습을 이해하기 위해서는 세조의 태실과 연계해서 봐야 한다. 세조는 계유정난(1453)을 통해 조정을 장악한 뒤 단종을 상왕으로 몰아내고 왕위를 찬탈한 인물이다. 이 과정에서 ▶안평대군(安平大君) ▶금성대군(錦城大君) ▶영풍군(永豊君) ▶한남군(漢南君) ▶화의군(和義君)의 경우 세조와 대척점에 있거나 대립구도에 있었던 인물들이었다. 그랬기에 세조가 왕위에 오른 뒤 이들의 태실이 온전히 남아 있기란 어려웠다. 『세조실록』에는 금성대군 태실의 철거 기록이 남아 있는데, 이를 보여주듯 이들 태실의 석물은 파괴되거나 훼손된 상태다.

한편 세종대왕자 태실 가운데 세조의 태실에만 별도의 가봉비가 세워져 있는데, 보통의 경우 왕위에 오르면 별도의 길지를 찾아 태실을 이안하는 것이 일반적이다. 그런데도 세조는 이를 거부하고, 대신 기존의 표석은 없애고, 별도의 비를 세워 다른 왕자의 태실과 구분하도록 했는데,

▲ 성주 세종대왕자 태실. 왕자 태실 18기와 단종의 원손 시절 태실 1기 등 총 19의 태실이 집장되어 있다.

이와 관련한 자세한 내용은 세조 태실을 참고하면 된다. 또한 세종대왕자 태실의 배치를 보면 단종의 원손 시절 태실을 제외하면 18기의 태실이 나열되어 있다. 세종의 가계를 보면 18남 4녀를 두었기에 일면 숫자가 맞는 것 같지만 세자였던 문종의 태실은 예천 명봉사에 조성되었기에 17기의 태실이 있어야 맞다. 그런데 18기가 자리하고 있으니, 1기의 정체에 대해 서로 다른 해석이 나오는 것이다.

▲ 성주 세종대왕자 태실의 구조

　문제가 되는 태실은 왕자 당의 태실인데, 기록에서는 찾을 수가 없는 인물이다. 태실비를 보면 전면의 우측에 '당태장(瑭胎藏)'이, 좌측에는 '황명정통칠년임술십월이십삼일경술입석(皇明正統七年壬戌十月二十三日庚戌立石)'이 새겨져 있다. 이를 통해 정통 7년인 1442년(세종 24) 10월 23일에 태실을 조성했음을 알 수 있다. 『세종실록』을 보면 영해군의 이름이 최초 장(璋)이었다가 후에 당(瑭)으로 바뀐 사실을 알 수 있다. 따라서 왕자 당 태실과 영해군의 태실을 동일 인물의 태실로 보는 견해가 있다. 반대로 왕자 당을 세종의 19번째 아들로 보는 견해가 있는데, 이 경우 해당 왕자는 왕실 족보에서 누락된 것으로 보는 해석도 있다.[66]

여기서 잠깐! 성주 세종대왕자 태실의 수호사찰인 선석사

선석사는 성주 세종대왕자 태실의 수호사찰로, 최초 사찰의 이름은 신광사(神光寺)였다. 고려 때 신광사의 주지로 부임한 나옹선사(懶翁禪師, 1320 ~1376)에 의해 현 위치로 사찰이 옮겨졌다고 하며, 이때부터 선석사로 불

▲ 선석사 대웅전과 사찰 이름의 유래가 된 바위

리게 된다. 이와
관련해 대웅전 앞
에 돌출된 바위가
있는데, 절을 옮기
는 과정에서 나온
바위로 사찰의 이
름에 영향을 주었
다. 어필각(御筆閣)
이 있었으나 소실

▲ 선석사 태실법당

이 되었다고 하며, 성주 세종대왕자 태실의 영향으로 선석사에는 태실 법
당이 있어 여러모로 이색적인 풍경을 보여주는 장소다.

성주 세종대왕자 태실[70]

▲ 진양대군(세조)의 태실과 태실비

---

70 단종의 원손 시절 태실 사진은 단종 태실 편 참고

▲ 안평대군의 태실과 태실비(반파)

▲ 임영대군의 태실과 태실비

▲ 광평대군의 태실과 태실비

▲ 평원대군의 태실과 태실비

▲ 영응대군의 태실과 태실비

▲ 금성대군 태실　　　　　　　▲ 영풍군 태실

▲ 화의군 태실   ▲ 한남군 태실

▲ 계양군의 태실과 태실비

▲ 의창군의 태실과 태실비

▲ 밀성군의 태실과 태실비

▲ 수춘군의 태실과 태실비

▲ 익현군의 태실과 태실비

▲ 영해군의 태실과 태실비

▲ 담양군의 태실과 태실비

▲ 왕자 당의 태실과 태실비

154

02 덕종

서울 월산대군 이정 태실

서울 월산대군 이정 태실은 서울시 서초구 우면동 694번지로, 태봉산의 정상에 태실비와 장태 석물이 잘 남아 있다. 해당 태실은 태실비와 태지석을 통해 월산대군의 태실인 것이 고증되었다. 월산대군(月山大君, 1454~1488)은 의경세자(懿敬世子, 추존 덕종)와 소혜왕후 한씨의 맏아들로, 성종에게는 친형이 되는 인물이다. 특히 월산대군 태실비의 외형은 규형 (圭形)의 형태로, 성주 세종대왕자 태실과 양평 제안대군 태실비, 파주 정자리 태실 등과 함께 초기 태실비의 형태를 잘 보여주고 있다. 또한 비신의 전면에는 '월산군정태실(月山君婷胎室)', 후면에는 '천순육년오월십팔일 입석(天順六年五月十八日立石)'이 새겨져 있다. 이를 통해 천순 6년인 1462 년(세조 8) 5월 18일에 태실이 조성된 점과 최초 대군이 아닌 월산군으로

▲ 서울 월산대군 이정 태실

▲ 태실비의 전면과 후면

▲ 일부 노출된 태함

불린 것을 알 수 있다. 한편 월산대군의 태실은 도굴로 태항아리와 태지석의 존재가 확인되었는데, 일본에 아티카 컬렉션이란 이름으로 소장되어 있다. 또한 태지석의 명문을 통해 월산대군이 경태 5년인 1454년(단종 2) 12월 18일에 출생했음을 알 수 있다.

03 예종

사천 인성대군 태실지

사천 인성대군 태실지는 앞서 언급한 사천 傳 단종 태실지로, 일제강점기 때 태실이 이봉되는 과정에서 인성대군(仁城大君, 1461~1463)의 태지석이 출토되면서 고증되었다.[71] 인성대군(仁城大君, 1461~1463)은 예종과 장순왕후 한씨 소생의 맏아들로, 태실 조성과 관련한 기록은 찾기가 어렵다. 다만 『세조실록』을 보면 안태사 홍윤성이 성주와 곤양을 향해 떠난다는 기록이 있다. 또한 1462년(세조 8) 세조가 예조에 일러 어태를 비롯해 왕

▲ 인성대군 태실지, 사천 傳 단종 태실지로, 자세한 내용은 단종 태실 편 참고

▲ 인성대군 태실비(서삼릉), 전면: 인성대군태실(仁城大君胎室), 후면: □□□년오월/자경남사천군곤명면이장(□□□年五月/自慶南泗川郡昆明面移藏)

세자·원손의 태실에 석난간을 설치하지 말도록 했는데, 이때는 아직 제안대군이 태어나지 않았기에 기록에 언급된 원손은 인성대군을 이야기하는 것이다. 한편 태지석을 통해 인성대군이 천순 5년인 1461년(세조 7) 11월 30일에 출생한 사실과 1462년(세조 8) 4월 29일에 태실을 조성했음을 알 수 있다. 이와 함께 인성대군의 태실이 이봉되는 과정에서 태지석과 뚜껑은 분청사기, 외항아리와 내항아리는 백자 형태인 태항아리가 출토되었다.

71 인성대군의 태실이 왜 단종의 태실로 불렸는지는 단종 태실 편 참고

양평 제안대군 태실 🐚

▲ 양평 제안대군 태실

양평 제안대군 태실은 경기도 양평군 옥천면 옥천리 산8번지로, 옥천리는 조선 때 양근군(楊根郡)[72]의 치소가 있던 곳이다. 제안대군의 태실은 그간 지역의 이름을 따서 옥천리 태봉으로 불리기도 했다. 현재 태실지에는 태실비가 남아 있는데, 비신에 남아 있는 명문을 통해 제안대군의 태실로 고증되었다. 제안대군(齊安大君, 1466~1525)은 예종과 안순왕후 한씨의 둘째 아들로, 태실비의 전면에는 '왕세자남소손태실(王世子男小孫胎室)',

▲ 태실비의 전면과 후면

---

72 양근군(楊根郡): 지금의 양평 옥천면 옥천리와 양평읍 양근리 일대다. 1908년 지평군과 통합해 양평군으로 불리게 된다.

후면에는 '성화이년□월이십일입석(成化二年□月二十日立石)'이 새겨져 있다. 이를 통해 성화 2년인 1466년(세조 12)에 태실을 조성한 것을 알 수 있다. 이해에 태어난 왕세자의 아들이라면 제안대군으로, 비신의 전면에 새겨진 손(孫)은 세조의 손자라는 의미로 해석 할 수 있다. 태실비의 비수는 서울 월산대군 이정 태실과 파주 정자리 태실의 형태와 유사하며, 초기 태실비의 외형을 잘 보여주고 있다.

04 성종

상주 상판리 안양군·완원군 태실

상주 상판리 안양군·완원군 태실은 경상북도 상주시 모동면 상판리 산51번지로, 갓 모양을 닮은 태봉산의 정상에 있다. 현재 태실지에는 분묘가 들어섰으며, 인근에 태함의 함신과 개석 등 3기의 석물이 지상에 노출되어 있다. 해당 태실은 출토된

▲ 안양군·완원군 태실지, 현재 분묘가 들어섰고, 인근에 태함이 방치되어 있다.

▲ 태함의 함신과 개석

태지석을 통해 성종과 귀인 정씨 소생의 안양군(安陽君, 1480~1505)·성종과 숙의 홍씨 소생의 완원군(完原君, 1480~1509)의 태실로 확인되었다.

▲ 안양군 태실비(서삼릉), 전면: 안양군태실(安陽君胎室), 후면: □□□년오월/자경북상주군모동면이장(□□□年五月/自慶北尙州郡牟東面移藏)

▲ 완원군 태실비(서삼릉), 전면: 완원군태실(完原君胎室), 후면: □□□년오월/자경북상주군모동면이장(□□□年五月/自慶北尙州郡牟東面移藏)

안양군의 태지석을 보면 성화 16년 정월 초5일생이 확인되며, 아명이 수담(壽聃)인 것을 알 수 있다.[67] 또한 완원군의 태지석을 보면 성화 16년 12월 29일에 출생한 사실과 아명이 수석(壽石)인 것이 확인된다.[68] 성화 16년을 환산해 보면 1480년(성종 11)으로, 이해에 태어난 왕자인 안양군과 완원군의 태실이다. 또한 두 태실 모두 장태일이 성화 20년인 1484년(성종 15) 10월 초10일로 동일하다. 한편 안양군과 완원군의 태실이 이봉되는 과정에서 태지석과 함께 백자 형태의 태항아리가 출토되었다.

순천 왕자 수견 태실

순천 학구리 왕자 수견 태실은 전라남도 순천시 서면 학구리 산18번지로, 암태봉의 정상에 있다. 태실지에는 태실비와 태함의 개석이 지상에 노출되어 있는데, 도굴로 인해 태항아리와 태지석 등은 확인되지 않았다.

현재 남아 있는 태실비의 비수는 상단의 연봉이 훼손된 하엽의 형태다. 비신의 전면에는 '왕자수견태실(王子壽堅胎室)', 후면에는 '성화십구년십월 십오일립(成化十九年十月十五日立)'이 새겨져 있다. 이를 통해 성화 19년인 1483년(성종 14) 10월 15일에 태실을 조성했음을 알 수 있다. 다만 태지석 이 출토되지 않아 누구의 태실인지는 알기 어렵다.[73]

▲ 일부 노출된 태함의 개석   ▲ 순천 학구리 왕자 수견 태실

▲ 태실비의 전면과 후면

---

73 『조선의 태실2(1999)』에서는 순천 학구리 왕자 수견 태실의 태주를 계성군(桂城君, 1478~1504)과 회산군(檜山君, 1481~1512)으로 추정한 바 있다.

울진 삼달리 태실(신래 태실)

울진 삼달리 태실은 신래 태실로도 불리는데, 경상북도 울진군 평해읍 삼달리 산 66번지로, 태봉산의 정상에는 태함의 함신과 개석이 분리된 채 남아 있다. 이곳에서 출토된 태항아리와 태지석은 영남대학교 박물관에 있다. 태지석을 통해 태주가 성화 22년인 1486년(성종 17년) 12월 초6일에 출생한 사실과 아명이 견석(堅石)인 것을 알 수 있다. 또한 1487년(성종 18년) 4월

▲ 삼달리 태실지. 태함의 개석과 함신이 남아 있다.

초7일에 태실을 조성한 것을 알 수 있으며, 누구의 태실인지는 알 수 없다.[74]

양평 대흥리 태실

양평 대흥리 태실은 경기도 양평군 양평읍 대흥리 324-5번지로, 세 개의 봉우리 중 가운데가 태봉이다. 현재 태실지에는 태실과 관련한 흔적이 남아 있는 것이 없으며, 출토된 태함은 현재 국립춘천박물관의 야외에 전시 중이다. 『조선의 태실 3(1999)』을 보면 1980년 이전까지 태함 안에 태항아리가 보였다고 한다. 하지만 이후 도굴로 인해 태항아리와 태지석이 유

▲ 국립춘천박물관의 야외에 전시된 양평 대흥리 태실 태함

---

74 심현용(2016)은 삼달리 태실의 태주를 왕실 족보에서 누락된 인물이라는 견해를 제시한 바 있는데, 자세한 내용을 알고 싶으면 『한국태실연구』 참고

162

실되었다. 이와 관련해 최근 태지석의 명문을 알 수 있는 단서가 확인되었는데, 진한용 원장(고려금석원)은 태봉 인근에 사는 마을 주민 이희원(1939년생, 양평면 백안리 거주)씨의 증언과 1972년 3월 2일에 작성한 일기장에 기록된 태지석의 명문을 공개했다.[75]

해당 명문은 '황명홍치삼년이월이십팔일진시생/왕자부수아기씨태/홍치칠년육월십일묘시장(皇明弘治三年二月二十八日辰時生/王子富壽阿只氏胎/弘治七年六月十日卯時藏)'이다. 이를 통해 홍치 3년인 1490년(성종 21) 2월 28일에 출생

▲ 이희원 씨의 일기장 원본. 하단에 양평 대흥리 태실의 태지석 명문을 적어 두었다. ⓒ 진한용

한 성종의 왕자 부수(富壽)의 태실로 확인된다. 또한 태실의 조성은 1494년(성종 25) 6월 10일로 확인되는데, 이전까지 양평 대흥리 태실은 태지석이 유실되었기에 태주를 알 수 없는 태실로 분류되었다. 하지만 신빙성이 있는 이 같은 증언과 기록은 해당 태실을 규명하는데 있어 중요한 자료다. 그렇다면 양평 대흥리 태실의 태주는 누구일까?

『선원계보기략』을 보면 1490년(성종21)에 태어난 왕자는 4명으로, ▶영산군(寧山君) ▶전성군(全城君) ▶무산군(茂山君) ▶운천군(雲川君)이다. 이 가운데 영산군의 경우 파주 어유지리에 태실이 조성되었기에 제외하면 남

75 진한용 원장(고려금석원)은 네이버 블로그 『양평 대흥리 태봉(胎峰)의 태주(胎主)는 누구인가?』 참고

은 사람은 3명이다.

1. 전성군(全城君) 1490년 출생일 미상
2. 무산군(茂山君) 1490년 1월 14일 생
3. 운천군(雲川君) 1490년 11월 24일 생

이를 태지석의 명문과 비교해보면 무산군과 운천군은 부수(富壽) 왕자의 출생일과는 차이가 있다.[76] 따라서 양평 대흥리 태실은 전성군의 태실일 가능성 혹은 왕실 족보에서 누락된 왕자의 태실로 추정할 수 있다. 이 부분은 향후 추가적인 연구와 고증이 필요하다.

안성 배태리 태실

안성 배태리 태실은 경기도 안성시 삼죽면 배태리 산46번지로, 삼태봉 가운데 중태봉의 정상에 있다. 해당 태실은『조선의 태실3(1999)』에서도 언급이 된 바 있는데, 삼국시대 왕자 태실의 전승이 있었다고 적고 있다. 하지만 태실비에 대한 언급은 없었다. 지난 2009년에 지역 언론인 안성자치신문에 배태리 마을의 소개와 함께 태실비로 추정되는 사진이 올라온 바 있

▲ 안성 배태리 태실. 정상에는 추정 분묘가 들어섰다.

76 『성종대왕종친록(1623)』에는 ▶전성군 10남 ▶무산군 11남 ▶운천군 13남으로 표기된 반면『선원계보기략』에는 ▶전성군 11남 ▶무산군 12남 ▶운천군 13남으로 표기되어 있어 차이를 보인다.

는데, 이때도 태실비에 대한 명문 판독은 이루어지지 않아 태주를 알 수 없었다.[69] 현재 태실이 있는 중태봉의 정상에는 추정 분묘가 들어서 있고, 태실비만 홀로 남아 있는 모습이다. 태실비의 비수는 모서리가 삼각형인 규수(圭首) 형태로, 초기 태실비의 형태가 잘 남아 있어 주목된다.

비신의 전면에는 '왕자□□아기씨태실(王子□□阿只氏胎室)', 후면에는 '□(치)육년십월□□일자시립(□(治)六年十月□□日子時立)'이 새겨져 있다.[77] 해당 태실비에서 중요하게 볼 부분은 연대를 파악할 수 있는 연호와 태주의 성별, 아명 부분이다. 이 중 성별 부분은 왕자 명문을 판독하면서 확인이 되었고, 아명 부분은 훼손이 진행되어 육안 판독은 어려운 상태다. 또한 연호 부분의 경우 앞글자는 훼손이 진행되어 판독이 어렵다. 다만 뒷글자의 경우 남아 있는 부분과 필획을 통해 치(治)로 판독된다.

▲ 태실비의 전면과 후면

---

77 안성 배태리 태실은 기존 자료에서 언급되지 않은 태실로, 두 번의 방문 조사를 통해 태실비의 명문 판독을 진행했다. 그 결과 '왕자□□아기씨태실(王子□□阿只氏胎室)/□(치)육년십월□□일자시립(□(治)六年十月□□日子時立)'이 확인되었다. 이 가운데 연호 부분의 앞부분은 알아볼 수가 없고, 뒷부분은 남아 있는 부분과 필획을 통해 치(治)로 판단, 홍치 6년으로 판독했다.

이 경우 부합되는 연호는 홍치(弘治)로, 홍치 6년을 환산해 보면 1493년 (성종 24) 10월에 태실이 조성되었음을 알 수 있다. 입비 시기를 고려했을 때 안성 배태리 태실의 태주는 1489년과 1492년 사이에 태어난 성종의 왕자 가운데 한 명으로 추정되며, 이와 관련한 자세한 내용은 원주 대덕리 태실에서 후술할 예정이다.

파주 정자리 태실

▲ 파주 정자리 태실

파주 정자리 태실은 경기도 파주시 군내면 정자리 산67번지로, 수내천이 감싸 흐르는 태봉의 정상에 있다. 태실지는 도굴로 인해 땅이 파헤쳐진 모습으로, 앞쪽에 태실비가 있다. 해당 태실의 존재는 그 이전부터 인지되었으나, 현장에서 태실비의 존재가 확인된 것은 2019년 3월의 일이다. 이후 언론 매체를 통해 파주 정자리 태실비의 존재가 세상에 알려지게 되었다. 주목해 볼 점은 태실비의 비수는 규형(圭形)의 형태로, ▶성주 세종대왕자 태실 ▶서울 월산대군 이정 태실 ▶양평 제안대군 태실의 사례와 유사하다.

이번 조사를 통해 판독한 비신의 전면은 '왕자□□아기씨태실(王子□□阿只氏胎室)', 후면에는 '□(치)육(년)구월초□□□(□(治)六(年)九月初□□□)'로 확인했다. 비신의 전면은 아명 부분을 제외한 명문의 육안 판독이 가능한 수준이지만, 후면의 경우 연대를 알 수 있는 연호 부분의 훼손이 심한 편이다. 이 중 앞글자는 훼손이 심해 판독이 어려우며, 후면의 명문과 필획을 통해 치(治)로 판독된다. 다만『파주민통선, 문화유적보고서』에는 아명 부분을 옥랑(玉浪),『2020 경기도 태봉태실 조사보고서』에서는 옥량 (玉良)으로 표기했다. 또한 후면의 비어있는 부분은 팔일립(八日立)으로 판독하고 있다.[70]

▲ 태실비의 전면과 후면

이를 통해 파주 정자리 태실은 앞서 언급한 안성 배태리 태실의 사례처럼 홍치 6년, 즉 1493년(성종 24)에 조성된 태실로 확인된다. 따라서 입비 시기를 고려했을 때 1489년과 1492년 사이에 태어난 성종의 왕자 가운데 한 명으로 추정된다. 향후 파주 정자리 태실에 대한 발굴 조사 및 추가 연구를 통해 해당 태실의 성격을 좀 더 명확하게 규명할 필요가 있다.

남양주 광전리 태실

남양주 광전리 태실은 경기도 남양주시 별내면 광전리 산37-7번지로, 태봉의 정상에는 파헤쳐진 구덩이가 남아 있다. 구덩이 안쪽에는 태함의

▲ 남양주 광전리 태실. 정상에 파헤쳐진 구덩이가 있다.

▲ 남양주 광전리 태실. 태함의 개석이 노출되어 있다.

개석이 노출되어 있다. 광전리 태실은『조선의 태실2(1999)』에서 언급된 바 있었는데, 과거와 크게 다르지 않은 모습이다. 지금은 사라졌지만 일제강점기 때 만들어진『조선보물고적조사자료(朝鮮寶物古蹟調査資料)』에 기록된 태실비의 명문[71]을 통해 왕자 금수(金壽)의 태실이자 태실의 조성 날짜가 홍치 6년인 1493년(성종 24) 5월 초사일로 확인된다.[72] 즉 경기도에서 확인된 홍치 6년에 세워진 태실 중 하나로, 안성 배태리 태실과 파주 정자리 태실의 사례와 함께 주목해 볼 만하다.

원주 대덕리 태실

원주 대덕리 태실은 강원도 원주시 호저면 대덕리 410-2번지로, 태봉의 정상에 있다. 현재 태실이 있던 자리는 도굴로 파헤쳐져 있고, 태실비는 1/3가량이 잘린 상태로 하단 부분은 태실지에, 상단 부분은 태실지 아래 굴려진 채 방치되어 있다. 태실비의 외형은 비수 부분이 둥그스름한 원수(圓首) 형태다. 또한 태실비의 전면은 상단과 하단 부분 모두 마멸이 심하게 진행되어 '왕자(王子)' 정도만 판독되었다고 한다. 반면 후면의 명문은 비교적 잘 남아 있는데, 상단과 하단 부분을 합쳐 보면 '홍치칠년팔월이십이일묘시립(弘治七年八月二十二日卯時立)'이 확인된다. 이를 통해 홍치 7년인 1494년(성종 25) 8월 22일에 태실이 조성되었음을 알 수 있다. 이 경우 1494년 이전에 태어난 성종의

▲ 원주 대덕리 태실

▲ 태실비의 하단

왕자 가운데 한 명의 태실로 추정된다. 그렇다면 원주 대덕리 태실의 태주는 누구일까?

　보통 태실은 장태법에 따라 남아의 경우 출생 5개월 뒤에 조성하는 것이 관례였다. 하지만 이 규정이 그대로 지켜진 것은 아니었다. 가령 태지석을 통해 영산군의 태실은 1494년(성종 25) 8월 25일에

조성된 것을 알 수 있는데, 영산군의 출생연도는 1490년이다. 이 경우 출생연도와 실제 태실의 조성까지 4년의 시차를 보이고 있다. 따라서 해당 태실이 조성된 1493~1494년 이전

▲ 태실비의 상단

에 태어난 왕자 가운데 하한선인 4년을 기준으로 삼을 경우 다음과 같이 정리된다.

순번	이름	모	출생연도	태실지
1	경명군 (景明君)	숙의 홍씨	1489년	-
2	이성군 (利城君)	숙용 심씨	1489년	-
3	운천군 (雲川君)	숙의 홍씨	1490년	-
4	영산군 (寧山君)	숙용 심씨	1490년	경기도 파주시
5	전성군 (全城君)	귀인 권씨	1490년	양평 대흥리 태실?
6	무산군 (茂山君)	명빈 김씨	1490년	-
7	양원군 (楊原君)	숙의 홍씨	1492년	-

〈표-8〉 홍치 6년, 왕자 태실비의 태주 검토[73]

위의 일곱 명의 왕자 가운데, 영산군(寧山君) 태실의 초장지는 파주시 적성면 어유지리 태봉으로, 일제강점기 때 서삼릉으로 옮겨졌기에 제외된다. 또한 전성군(全城君)의 경우 양평 대흥리 태실의 태주일 가능성을 고려할 필요가 있다. 한편 원주 대덕리 태실은 영산군과 양평 대흥리 태실과 같은 홍치 7년인 1494년(성종 25)에 조성된 태실로, 이 경우 ▶원주 대덕리 태실 ▶안성 배태리 태실 ▶파주 정자리 태실 ▶남양주 광전리 태실의 태주는 위의 표에 있는 왕자 중에서 찾아야 할 것으로 판단된다.[74]

광주 원당리 성종 왕녀 태실 ✒

광주 원당리 성종 왕녀 태실은 경기도 광주시 퇴촌면 원당리 산11-1번

▲ 태함의 개석　　　　　　　　　▲ 태봉의 정상. 태함의 개석이 노출된 상태다.

지로, 태봉의 정상에 있다. 현재 태실지에는 태실비와 태함 등 왕녀 태실 2기의 흔적이 남아 있다. 이 가운데 태실비의 경우 정상에 못 미쳐 쓰러진 채 방치되고 있으며, 전면이 하늘을 향하고 있다. 태실비의 상태는 비교적 좋은 편으로, 비수는 상단에 연봉이 있는 하엽의 형태다. 두 태실비 모두 비신의 전면에는 '왕녀태실(王女胎室)'이 새겨져 있다. 하지만 후면의 경우 땅에 눕혀져 있어 명문의 확인이 어렵다.

두 태실비에서 공통적으로 확인되는 성화 17년은 1481년(성종 12)으로,

▲ 광주 원당리 성종 왕녀 태실비(A), 전면: 왕녀태실(王女胎室), 후면: 성화십칠년칠월이십일일입석(成化十七年七月二十一日立石)[75]

▲ 광주 원당리 성종 왕녀 태실비(B, 공신옹주), 전면: 왕녀태실(王女胎室), 후면: 성화십칠년칠월이십사일입석(成化十七年七月二十四日立石)[76]

이 경우 두 태실의 태주는 1481년 이전에 태어난 성종의 왕녀라는 것을 알 수 있다. 이 가운데 B 왕녀의 것으로 추정되는 태지석이 이화여자대학교 박물관에 있는데, 해당 태지석을 통해 왕녀의 출생일이 1481년 3월 11일이고, 장태일은 같은 해 7월 24일로 확인된다.

『선원계보도』와 『성종실록』을 토대로 1481년 이전에 태어난 왕녀는 ▶ 순숙공주(順淑公主, 1478) ▶신숙공주(愼淑公主, 1481) ▶정혜옹주(靜惠翁主, 1480) ▶혜숙옹주(惠淑翁主, 1478) ▶공신옹주(恭愼翁主, 1481) 등이 확인된다. 이 가운데 정혜옹주의 경우 양주 황방리 왕녀 승복 태실로 고증되었으며, 혜숙옹주의 경우 서울 광진구에서 확인되었기에 제외된다.[77] 따라서 광주 원당리 성종 왕녀 태실 중 B 왕녀 태실은 공신옹주(恭愼翁主)[78], A 왕녀 태실은 위에서 언급한 왕녀 혹은 왕실 족보에서 누락된 왕녀 가운데서 찾아야 할 것으로 보인다.

밀양 조선 성종 왕녀 태실

밀양 조선 성종 왕녀 태실은 경상남도 밀양시 무안면 삼태리 산18번지로, 태봉의 정상에 있다. 이전까지 성화 17년 왕녀 태실로 불렸으나, 지금은 밀양 조선 성종 왕녀 태실로 공식 명칭이 변경되었다. 현재 마을 내 태봉노인회관 앞 노거수 아래에 태함의 개석이 남아 있다. 또한 태실지에는 두 기의 태실비가 있고, 태실이 있던 자리에는 파헤쳐진 구덩이가 남아 있다. 태실비의 비수는 상단에 연봉이 있는 하엽의 형태로, 비신에는 다음과 같은 명문이 새겨져 있다.

이를 통해 성화 17년인 1481년(성종 12) 10월 초9일에 태실을 조성했음

---

78 광주 원당리 성종 왕녀 태실 중 B 왕녀의 태실은 공신옹주(恭愼翁主)로 추정되는데, 이는 공신옹주의 묘지석과 태지석에 기록된 출생일이 같기 때문이다.

을 알 수 있다. 이는 앞서 소개한 광주 원당리 성종 왕녀 태실과 같은 시
기에 조성된 태실로, 해당 태실 역시 1481년 이전에 태어난 성종의 왕녀

가운데서 태주를 찾아야
한다. 하지만 태지석이
출토되지 않았기에 누구
의 태실인지는 알 수가
없다. 다만 『밀주구지(密
州舊誌)』[79]에 해당 태실은
당성공주의 태실로 전하
는데, 성종의 왕녀 가운
데 당성공주의 존재는
확인된 바 없다. 따라서

▲ 밀양 조선 성종 왕녀 태실. 정상에 2기의 태실비가 남아 있다.

▲ 밀양 조선 성종 왕녀 태실비(A)(좌), 밀양 조선 성종 왕녀 태실비(B)(우). 전면: 왕
녀태실(王女胎室), 후면: 성화십칠년십월초구일입석(成化十七年十月初九日立石)

해당 태실은 1481년 이전
에 태어난 왕녀(공주) 가운
데서 찾아야 할 것으로 보
인다.[80][78)

▲ 태봉노인회관 앞 노거수 아래에 자리한 태함의 개석

울산 경숙옹주 태실

울산 경숙옹주 태실은
울산광역시 울주군 범서
읍 사연리 산112번지로, 태봉산의 정상에는 태실비가 남아 있다. 태실비
의 비수는 상단의 연봉이 훼손된 하엽의 형태로, 비신의 전면에는 '왕녀

▲ 울산 경숙옹주 태실

▲ 합환(合歡), 오랜 세월을 버틴 채 그 이
름을 남긴 왕녀의 아명

---

79 밀주(密州)는 밀양시의 옛 이름으로, 『밀주구지(密州舊誌)』는 밀주의 옛 기록이다.

80 1481년 이전에 태어난 왕녀 가운데 공주의 신분을 가진 왕녀는 ▶순숙공주(順淑公主, 1478) ▶
신숙공주(愼淑公主, 1481) ▶1486년(성종17) 2월 14일에 세상을 떠난 공주 등이 확인되고 있어
태주를 추정하는 데 있어 참고해 볼 만하다.

합환아기씨태실(王女合歡阿只氏胎室)', 후면에는 '성화이십일년팔월초육일
립(成化二十一年八月初六日立)'이 새겨져 있다. 이를 통해 성화 21년인 1485
년(성종 16) 8월 초6일에 태실을 조성했음을 알 수 있다. 또한 출토된 태지
석을 통해 태주가 성화 19년인 1483년(성종 14) 8월 초9일에 출생한 사실
과 왕녀의 아명이 합환(合歡)으로 확인된다. 해당 태실의 태주는 성종과
명빈 김씨 소생의 경숙옹주(敬淑翁主, 1483~?)로 추정된다.

원주 태장 왕녀 복란 태실

원주 태장 왕녀 복란 태실은 강원도 원주시 태장동 1266-11번지로, 우
성아파트 내에 있다. 과거에는 태봉이 온전한 형태로 있었으나, 개발 과
정에서 훼손되었다. 이후 현재의 모습으로 복원이 이루어졌고, 수습된 태
함은 현재 춘천박물관에 전시 중이다. 또한 도굴되었던 태항아리와 태지
석 역시 되찾아 동국대학교 박물관에 소장 중이다. 한편 태실비의 비수
는 상단에 연봉이 있는 하엽의 형태로, 비신의 전면에는 '왕녀복란태실(王

▲ 태함

▲ 원주 태장 왕녀 복란 태실의 전경

女福蘭胎室)', 후면에는 '성화이십이년십이월이십구일립(成化貳拾貳年拾貳月貳拾玖日立)'[81]이 새겨져 있다. 이를 통해 성화 22년인 1486년(성종 17) 12월 29일에 태실을 조성했음을 알 수 있다. 또한 출토된 태지석을 통해 태주가 1486년 10월 13일에 출생한 사실과 아명이 복란(福蘭)[82]으로 확인된다.

강릉 모전리 왕녀 정복 태실

▲ 강릉 모전리 왕녀 정복 태실

강릉 모전리 왕녀 정복 태실은 강원도 강릉시 강동면 모전리 산259번 지로, 태봉산의 정상에 태실비가 남아 있다. 태실비의 비수는 상단에 연봉이 있는 하엽의 형태로, 비신의 전면에는 '왕녀정복아기씨□□(王女貞福阿只氏□□)', 후면에는 '홍치이년구월이십구일사시립(弘治二年九月二十九

---

81 숫자를 표기할 때 ▶二=貳 ▶十=拾 ▶九=玖로 표기했다.

82 남양주 수종사 팔각오층석탑에서 출토된 발원문에 기록된 숙용 홍씨 소생의 자녀 기입 순서를 근거로, 원주 태장 왕녀 복란 태실을 정순옹주(靜順翁主)의 태실로 보는 견해가 있다.

日巳時立)'이 새겨져 있다. 이를 통해 태실의 조성 시기가 홍치 2년인 1489년(성종 20) 9월 29일인 것을 알 수 있으며, 아명이 정복(貞福)[83]인 것을 알 수 있다.

▲ 태실비의 전면과 후면

양주 황방리 왕녀 승복 태실

양주 황방리 왕녀 승복 태실은 경기도 양주시 남면 황방리 87-1번지로, 태봉산의 정상에 있었다. 『조선의 태실2(1999)』를 보면 비신의 상당수가 훼손되기는 했지만, 태실비의 상단 부분과 태함의 개석과 함신 등이 남아 있었다. 하지만 현재 태봉산은 훼손된 상태로, 태실비의 상단 부분과 태함의 개석은 행방을 알 수 없는 상태다. 다만 태함의 함신 부분은 회암사지 박물관에 전시되다가 지금은 국립중앙박물관으로 옮겨졌다. 한편 태실비의 비수는 상단에 연봉이 있는 하엽의 형태로, 잔존했던 상단 부분

---

83 왕녀 정복을 성종과 숙용 권씨 소생의 경휘옹주(慶徽翁主)로 보는 견해가 있다.

의 전면에는 '왕녀□복아지(王女□福阿只…)', 후면에는 '홍치오년칠월(弘治五年七月)'이 새겨져 있었다.[79] 이를 통해 태실의 조성 시기가 홍치 5년인 1492년(성종 23) 7월인 것을 알 수 있다. 또한 태지석을 통해 태주가 홍치 3년인 1490년(성종 21) 3월 초6일에 출생한 사실과 아명이 승복(承福)으로 성종과 귀인 정씨 소생의 정혜옹주(靜惠翁主)로 확인된다.

▲ 양주 황방리 왕녀 승복 태실의 태함

05 연산군

상주 상현리 연산군 원자 금돌이 태실

상주 상현리 연산군 원자 금돌이 태실은 경상북도 상주시 화서면 상현리 377-1번지로, 태봉산의 정상에는 태봉정(胎封亭)이 건립되어 있다. 태봉정의 뒤에 태함이 놓여 있으며, 태봉정을 지나 좌측에 있는 계단을 따라 20m를 내려가면 태실비[84]가 있다. 태실비의 비수는 상단에 연봉이 있는 하엽의 형태다. 비신의 경우 전면은 마멸이 심하게 진행되어 있는데, 안내문과 선행 자료 등을 보면 '왕자태실(王子胎室)'이 새겨진 것으로 추정된다. 반면 후면의 경우 명문의 육안 판독이 가능한 수준으로, '홍치십사년칠월초이일입석(弘治十四年七月初二日立石)'이 새겨져 있다. 이를 통해 홍

---

84 안내문에는 태실비를 금표비로 설명하고 있는데, 이는 잘못된 것이다.

▲ 태실비(좌), 태봉정 뒤에 있는 태함(우)

치 14년인 1501년(연산 7) 7월 초2일에 태실을 조성했음을 알 수 있다. 특히 해당 금석문은 상주시에서 가장 오래된 금석문이다.

▲ 연산군 원자 금돌이 태실(서삼릉), 전면: 연산군원자금돌이태실(燕山君元子金乭伊胎室), 후면: □□□년오월/자경북상주군화서면이장(□□□年五月/自慶北尙州郡化西面移藏)

한편 출토된 태지석을 통해 태주의 출생일이 홍치 10년인 1497년(연산 3) 12월 29일에 출생한 사실과 아명이 금돌이(金乭伊)인 것을 알 수 있다. 이해에 태어난 원자는 연산군과 왕비 신씨 소생의 폐세자 이황(李𩡘, 1497~1506)이다.[80] 해당 태실의 조성 기록은 찾기 어려우나 『연산군일기』에는 1501년(연산 7) 6월 10일에 연산군이 승지 권주 등에 명해 안태사 신수근(愼守勤)을 제천정(濟川亭)[85]에서 전송하게 하고, 어제시(御製詩)를 내렸다는 기록이 있다.[81] 『연산군일기』의 기록과 금돌이 태실의 조성 시기를 고려했을 때 이때 안태사 신수근이 향한 장소가 상주 상현리 연산군 원자 금돌이 태실이었을 가능성이 있다.

문경 왕능리 연산군 왕자 인수 태실

▲ 인수 태실의 태함 개석

▲ 연산군 왕자 인수 태실(서삼릉), 전면: 연산군자인수태실(燕山君子仁壽胎室), 후면: □□□년오월/자경북문경군가은면이장(□□□年五月/自慶北聞慶郡加恩面移藏)

　문경 왕능리 연산군 왕자 인수 태실은 경상북도 문경시 가은읍 왕능리 산 30-2번지로, 태봉의 정상에는 분묘가 들어섰다. 현재 태실 관련 흔적은 분묘 인근에 방치된 태함의 개석이 유일하다. 일제강점기 때 인수 태실이 이봉되는 과정에서 출토된 태지석을 통해 태주가 홍치 14년인 1501년(연산 7) 5월 14일에 출생한 사실과 아명이 인수(仁壽)인 것을 알 수 있다. 또한 태실의 조성일은 같은 해 9월 12일이며,[82] 대군의 명문이 있는 것을 보면 왕비

85　제천정(濟川亭): 한강변에 있던 왕실 소유의 정자

신씨의 소생인 것을 알 수 있다. 한편 인수 태실의 경우 기록이 없어 조성 과정과 자세한 정보는 알 수가 없다. 다만 앞서 『연산군일기』에서 언급한 안태사 신수근이 상주 연산군 원자 금돌이 태실과 함께 인수 태실 역시 함께 조성했을 가능성이 있다.

광주 원당리 연산군 왕자 돈수 태실

광주 원당리 연산군 왕자 돈수 태실은 경기도 광주시 퇴촌면 원당리 산30번지로, 태실의 유일한 흔적인 태실비는 정상 아래로 굴려진 채 방치되고 있다. 태실비의 비수는 상단에 연봉이 있는 하엽의 형태로, 비신의 전면에는

▲ 광주 원당리 연산군 왕자 돈수 태실

'왕자돈수아기씨태실(王子敦壽阿只氏胎室)'이 새겨져 있다. 다만 후면의 경우

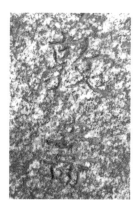

▲ 돈수(敦壽), 오랜 세월을 버틴 채 그 이름을 남긴 왕자의 이름

눕혀져 있어 현장에서의 명문 확인은 어렵다. 다만 선행 자료를 통해 '홍치십팔년이월십구일해시립(弘治十八年二月十九日亥時立)'[83]이 새겨진 것으로 확인된다. 이를 통해 홍치 18년인 1505년(연산 11) 2월 19일에 태실을 조성했음을 알 수 있다.

돈수 태실은 1961년에 도굴되었고, 이 과정에서 태항아리와 태지석의 존재가 확인되었다. 태지석의 명문을 통해 돈수가 홍치 14

년인 1501년(연산 7) 2월 초4일에 출생한 것을 알 수 있다.[84] 돈수(敦壽, 1501~1506)의 어머니가 누구인지는 알려져 있지 않으며, 『연산군일기』에는 돈수와 관련한 간략한 기록이 남아 있다. 연산군이 폐위된 뒤 돈수는 우봉(牛峯)으로 유배를 갔고, 1506년(중종 1) 9월 24일에 폐세자 이황(李𩔇)과 창녕대군 이성(李誠), 양평군 이인(李仁), 이돈수(李敦壽)는 사사(賜死)되었다. 당시 중종은 왕자들의 나이가 어린 데다 위협이 되지 않는다며 인정상 못하겠다고 버텼음에도 반정공신들의 요구에 어쩔 수 없이 사사를 결정해야 했다.

06 중종

의령 덕양군 태실

▲ 덕양군 태실의 태함

▲ 태실비의 상단　　　　　　　　　　　▲ 태실비의 하단과 비대

　의령 덕양군 태실은 1960년대 중반 경상남도 의령군 칠곡면 외조리 뒷산에서 확인되었으며, 현재 태실 관련 석물은 국립경주박물관으로 옮겨졌다. 덕양군 태실의 석물은 태함과 태실비가 남아 있는데, 태함의 경우 함신과 개석이 온전하게 남아 있는 반면 태실비는 비신의 파괴와 훼손이 심한 편이다. 태실비의 비수는 상단의 연봉이 훼손된 하엽의 형태로, 장방형의 비대는 아무런 문양이 없다. 비신의 경우 일부만 남아 있는데, 후면에서 '년□월(年□月)'의 명문이 확인된다. 이를 태지석과 비교해보면 '년삼월(年三月)'로 추정된다. 한편 출토된 태지석을 통해 태주가 가정 3년인 1524년(중종 19) 9월 25일에 출생한 사실과 아명이 숭수(崇壽)인 것을 알 수 있다. 또한 가정 7년인 1528년(중종 23) 3월 13일에 태실을 조성했는데,[85] 『선원계보도』를 보면 이해에 태어난 왕자는 중종과 숙의 이씨 소생의 덕양군(德陽君, 1524~1581)으로 확인된다.

금산 덕흥대원군 태실

　금산 덕흥대원군 태실은 충청남도 금산군 추부면 마전리 산1-63번지로, 태실지는 분묘가 들어섰다. 현재 태실 관련 석물은 금산역사문화박물관으로 옮겨졌으며 태함은 야외, 태실비는 실내에 전시 중이다. 태실비

▲ 덕흥대원군 태실비

▲ 태함

의 비수는 상단에 연봉이 있는 하엽의 형태로, 비신의 전면에는 '왕자환수…(王子歡壽…)', 후면에는 '가정구년십…(嘉靖九年十…)'이 새겨져 있다. 한편 일제강점기 당시 덕흥대원군(德興大院君, 1530~1559)의 태실이 이봉되는 과정에서 태지석과 백자 형태의 태항아리가 출토되었다. 태지석을 통해 가정 9년인 1530년(중종 25) 3월 초5일에 태어난 사실과 아명이 환수(歡壽)인 것을 알 수 있다. 또한 장태일은 같은 해 7월 16일이고 묘시(卯時)에 조성한 것이 확인된다.[86]

▲ 덕흥대원군 태실비(서삼릉), 전면: 덕흥대원군태실(德興大院君胎室), 후면: □□□년오월/자전북금산군추부면이장(□□□年五月/自全北錦山郡秋富面移藏)

부여 의혜공주 태실

부여 의혜공주 태실은 충청남도 부여군 규암면 함양리 42-1번지로, 태봉산의 정상에 있었다. 이후 일제강점기 당시 태실이 이봉되면서 태실비

▲ 마을로 옮겨진 의혜공주 태실비와 태함

▲ 태실비(좌), 태함(우)

와 태함은 방치된 채 있다가 지금은 마을로 옮겨졌다. 태실비는 상단에 연봉이 있는 하엽의 형태다. 하단의 경우 비신과 비대가 한 몸인 형태로, 복련과 안상이 새겨져 있다. 현재 비신은 마멸이 심하게 진행되어 전면과 후면의 육안 판독이 어렵다. 다만 선행 자료를 통해 전면에는 '왕녀…(王女…)', 후면에는 '…삼일사시립(…三日巳時立)'이 새겨져 있었음을 알 수 있다.[87]

▲ 의혜공주 태실비(서삼릉), 전면: 의혜공주태실(懿惠公主胎室), 후면: □□□년육월이십육일/자부여군규암면이장(□□□年六月二十六日/自扶餘郡窺巖面移藏)

한편 출토된 태지석을 통해 태주가 정덕 16년인 1521년(중종 16) 3월 26일에 출생한 사실과 신분이 공주이며, 아명이 옥혜(玉蕙)인 것이 확인된다. 또한 태실의 조성 시기는 가정 2년인 1523년(중종 18) 윤4월 13일에 조성된 것을 알 수 있다.[88] 『선원계보도』를 통해 해당 시기에 태어난 공주는 중종과 문정왕후 윤씨 소생의 의혜공주(懿惠公主, 1521~1564)로 확인된다.

김포 조강리 인순공주 태실

김포 조강리 인순공주 태실은 경기도 김포시 월곶면 조강리 산58-4번지에 있었으나, 지금은 태봉산이 훼손되었다. 때문에 태실비와 태함은 인근인 조강리 산57번지로 옮겨졌다.[86] 태실비의 비수는 상단에 연봉이 있는 하엽의 형태로, 장방형의 비대에는 복련과 안상이 새겨져 있다.

---

86 김포 조강리 태실은 향후 태봉산의 복구에 따라 원위치로 옮겨질 예정이다.

특히 이전 태실과 다른 점
이라면 비대와 비신이 분리
되어 비신을 비대에 꽂는 방
식으로 변화했다. 비신의 경
우 마멸이 진행되어 육안 판
독이 쉽지 않지만, 선행 자
료를 통해 전면에 '□□□
□아기씨태실(□□□□阿只氏
胎室)'이, 후면에는 '가정이십
삼년…(嘉靖貳拾三年…)'이 새
겨진 것으로 확인된다.[89] 이

▲ 태봉산 훼손 전 김포 조강리 인순공주 태실
© 김포시청

를 통해 가정 23년인 1544년(중종 39)에 태실이 조성되었음을 알 수 있다.
또한 『선원계보도』와 비교해 보면 해당 태실의 태주는 중종과 문정왕후
윤씨 소생의 인순공주(仁順公主, 1542~?)
로 확인된다.

▲ 태실비

▲ 태함의 개석

07 선조

김포 고막리 신성군 태실

　김포 고막리 신성군 태실은 경기도 김포시 월곶면 고막리 212번지로, 태봉의 정상에는 복련과 안상이 새겨진 비대와 태함의 개석이 노출되어 있다. 또한 태봉 아래 굴려진 채 방치된 태실비가 남아 있는데, 태실비의 비수는 연봉이 훼손된 하엽의 형태다. 비신은 눕혀져 있어 반대쪽의 명문은 확인이 어려우며, 보이는 부분 역시 마멸이 진행되고 있어 육안 판독이 쉽지 않다. 다만 선행 자료를 통해 비신의 전면에 '왕자후아기씨태실(王子珝阿只氏胎室)', 후면에는 '만력십이년칠월이십오일립/만력십사년십이

▲ 태실지, 비대와 태함의 개석이 일부 노출되어 있다.

▲ 태실비

▲ 비대(좌), 태함의 개석(우)

월초육일개립(萬曆十二年七月二十五日立/萬曆十四年十二月初六日改立)이 새겨진
것으로 파악된다.[90] 왕자 후(珝)는 선조와 인빈 김씨 소생의 신성군(信城
君, 1578~1592)으로, 만력 12년인 1584년(선조 17) 7월 25일에 태실을 조성
했고, 만력 14년인 1586년(선조 19) 12월 초6일에 태실비를 고쳐 세웠음을
알 수 있다.

청주 인성군 태실

청주 인성군 태실은 충청북도 청주시 상당구 문의면 산덕리 411번지로,
과거 산덕리 태실로 불렸다. 특히 인성군 태실은 아기씨 태실의 형태를
잘 보여주고 있어 주목된다. 태실 석물 중 눈에 띄는 것이 태함인데, 김
포 고막리 태실처럼 태함의 개석에 4개의 돌기가 돌출된 형태다. 이와 함
께 태실비의 비수는 상단의 연봉이 훼손된 하엽의 형태로, 장방형의 비
대에는 복련과 안상이 새겨져 있다. 비신의 경우 마멸이 심한 상태로, 육
안 판독이 쉽지 않다. 선행 자료를 보면 비신의 전면에는 '만력십육년무

▲ 태실비

▲ 청주 인성군 태실. 아기씨 태실비의 형태가 잘 남아 있다.

자□□아기씨태실(萬曆十六年戊子□□阿
只氏胎室)', 후면에는 '황명만력십육년무
자십이월이십오일사시립(皇明萬曆十六年
戊子十二月二十五日巳時立)'이 새겨져 있었
음을 알 수 있다.[91]

▲ 인성군 태실비(서삼릉). 전면: 인성군태
실(仁城君胎室). 후면: □□□년오월/자충
북청주군용흥면이장(□□□年五月/自忠
北淸州郡龍興面移藏)

한편 일제강점기 때 인성군 태실이
이봉되는 과정에서 태지석과 백자 형
태의 태항아리가 출토되었다. 이때 출
토된 태지석을 통해 태주가 만력 16년
인 1588년(선조 21) 10월 29일에 출생한
사실과 만력 17년인 1589년(선조 22) 2
월 25일에 태실을 조성했음을 알 수 있
다.[92] 선원계보도』를 보면 이해에 태어
난 왕자는 선조와 정빈 민씨 소생의 인
성군(仁城君, 1588~1628)으로 확인된다.

춘천 덕두원 태실

춘천 덕두원 태실은 강원도 춘천시
서면 덕두원리 산72-34번지로, 태봉
의 정상에는 태실비가 남아 있다. 태실
비의 비수는 상단에 연봉이 있는 하엽
의 형태로, 장방형의 비대에는 복련과
안상이 새겨져 있다. 이와 함께 비신
의 전면은 훼손이 심해 육안 판독이 쉽

▲ 춘천 덕두원 태실. 태봉의 정상에 태실
비가 남아 있다.

지 않으며, 후면의 경우 '황명만□십칠년오월초팔일사시립(皇明萬□十七年五月初八日巳時立)'이 새겨져 있다. 이를 통해 만력 17년인 1589년(선조 22) 5월 초8일에 태실을 조성했음을 알 수 있다. 선조의 자녀 가운데 영창대군과 정명공주는 1589년 이후에 태어났기에 해당 태실은 서자 혹은 서녀의 태실로, 입비 연도를 고려했을 때 왕녀보다는 왕자의 태실[87]일 가능성이 높다.

가평 태봉리 영창대군 태실

가평 태봉리 영창대군 태실은 경기도 가평군 상면 태봉리 산115-1번지로, 태봉의 정상에는 분묘가 들어서 있다. 현재 태실과 관련한 흔적으로 태실비가 유일한데, 월사 이정구 선생 묘역 입구인 태봉리 308번지로 옮겨져 있다. 태실비의 비수는 상단에 연봉이 있는 하엽의 형태로, 장방형의 비대에는 복련과 안상이 새겨져 있다. 비신의 전면에는 '□명만

▲ 태실비(좌), 유일하게 남은 전면 글자인 '□명만□…(□明萬□…)'(우)

---

87 선조와 인빈 김씨의 소생인 의창군(義昌君, 1589~1645)의 태실로 추정된다.

□…(□明萬□…)', 후면에는 '만력삼십사년칠월이십팔일립(萬曆三十四年七月二十八日立)'이 새겨져 있다. 이를 통해 만력 34년인 1606년(선조 39) 7월 28일에 태실을 조성했음을 알 수 있다. 이와 함께 국립중앙박물관에 소장 중인 태지석을 통해 1606년 3월 초5일에 출생한 대군의 태실인 것을 알 수 있어, 태주가 영창대군(永昌大君, 1606~1614)인 것을 알 수 있다. 또한 태지석에 기록된 장태 날짜는 태실비의 기록과 일치한다.

대전 경평군 태실

▲ 대전 경평군 태실의 태함

대전 경평군 태실은 본래 갑천변 가수원 다리 인근에 있었다. 그런데 지난 1991년 도로 확장 공사 과정에서 태봉산이 훼손되어 지금은 태실지의 흔적을 찾을 수 없다. 다만 경평군 태실에서 출토된 태함과 그 안에 있던 백자 형태의 태항아리, 태지석 등은 현재 대전시립박물관으로 옮겨졌다. 한편 출토된 태지석을 통해 태주가 만력 28년인 1600년(선조 33) 6월 18일에 출생한 사실과 태실의 조성이 만력 36년인 1608년(선조 41) 10월 초7일인 것을 알 수 있다.[93] 선조의 왕자 중 1600년에 태어난 왕자는 선조와 온빈 한씨 소생의 경평군(慶平君, 1600~1673)이다.

▲ 경평군 태실비(서삼릉). 전면: 경평군태실(慶平君胎室). 후면: □□□년십월이십육일립/자중청남도대전군기성면이장(□□□年十月二十六日立/自忠淸南)

192

화성 정숙옹주 태실

화성 정숙옹주 태실은 경기도 화성시 송동 681-674번지로, 동탄호수공원에 있는 태봉산 정상에는 태실비가 남아 있다. 과거 산척리 태실비로 불리기도 했으며, 태실비의 보존 상태는 매우 좋은 편이다. 태실비의 비수는 상단에 연봉이 있는 하엽의 형태로, 장방형의 비대에는 복련과 안상이 새겨져 있다. 또한 비신의 전면에는 '왕녀아기씨태실(王女阿只氏胎室)', 후면에는 황명만력십육년칠월십일일을시립(皇明萬曆十六年七月十一日乙時立)이 새겨져 있다.

이를 통해 태실의 조성 시기가 만력 16년인 1588년(선조 21) 7월 11일인 것을 알 수 있다. 선조의 왕녀는 11명(공주 1, 옹주 10)으로, 이 가운데 정명공주는 1603년(선조 36)에 출생했기에 해당 태실은 선조의 서녀 가운데 1588년 이전에 태어난 왕녀를 찾으면 된다. 『선원계보도』에 기록된 왕녀 가운데 이에 해당하는 인물은 ▶정신옹주(貞愼翁主, 1583) ▶정혜옹주(貞惠

▲ 화성 정숙옹주 태실비(좌), 태실비의 후면(우)

翁主, 1584) ▶정숙옹주(貞淑翁主, 1587) 등이다. 이 가운데 태실의 조성과 가장 가까운 시기의 왕녀가 정숙옹주로, 해당 태실은 정숙옹주의 태실로 추정된다.

08 광해군

원주 산현리 태실

원주 산현리 태실은 강원도 원주시 호저면 산현리 산24번지로, 태봉의 정상에는 인위적으로 파헤쳐진 구덩이와 함께 태실비가 자리하고 있다. 태실 입구에서 만난 마을 주민의 증언에 의하면 지난 1968년 도굴이 되었다고 하며, 이후 방치된 석물을 모아 지금처럼 복원한 것이라고 한다. 태실비의 경우 비수는 상단에 연봉이 있는 하엽의 형태로, 장방형의 비대에는 복련과 안상이 새겨져 있다. 비신의 경우 마멸이 진행되어 명문의

▲ 원주 산현리 태실

▲ 태실비

확인이 쉽지 않다. 다만 선행 자료를 통해 전면에는 '황명만력이십팔년십이월이십구일해시생왕손남아기씨태실(皇明萬曆二十八年十二月二十九日亥時生王孫男阿只氏胎室)', 후면에는 '만력이십구년사월삼십일립(萬曆二十九年四月三十日立)'이 새겨진 것으로 파악된다.[94]

해당 명문 중 태주를 특정할 수 있는 중요한 부분이 '왕손남(王孫男)'이다. 양평 제안대군 태실비의 사례처럼 '손(孫)'을 손자의 의미로 해석할 수 있는데, 이 경우 원주 산현리 태실의 태주가 왕의 손자라는 이야기가 된다. 비신의 명문을 통해 만력 28년인 1600년(선조 33) 12월 29일에 출생한 사실과 만력 29년인 1601년(선조 34) 4월 30일에 태실을 조성했음을 알 수 있다. 이 경우 해당 태실은 선조의 손자 태실로 추정되며, 태주는 광해군의 아들이었을 가능성이 높다. 아기씨 태실의 조성은 왕의 자녀일 때 조성되는 것이 관례이나 제안대군의 사례에서 보듯 세자의 아들인 경우에도 태실이 조성되었다.

한편 광해군의 아들 가운데 폐세자 이지(李祬, 1598~1623)의 태실은 황해도 신계군 사지면 태봉리 222번지로 파악되는데, 일제강점기 때 확인된 태실비의 전면에는 '왕원손태실(王元孫胎室)', 후면에는 '만력이십칠년이월이십팔일(萬曆二十七年二月二十八日)'[95]이 새겨져 있었다고 한다. 따라서 원주 산현리 태실의 태주는 광해군의 요절한 왕자 가운데 한 명으로 추정된다.

울진 나곡리 광해군 왕녀 태실

울진 나곡리 광해군 왕녀 태실은 경상북도 울진군 북면 나곡리 산65번지로, 태봉의 정상에는 도굴로 파헤쳐진 구덩이와 태실비가 남아 있다.

도굴되기 이전의 모습은 울진 나곡리 광해군 왕녀 태비도(1917)[88]를 통해 알 수 있는데, 원형의 봉토 앞쪽에 태실비가 세워진 모습이다. 한편 태실비의 비수는 상단에 연봉이 있는 하엽의 형태로, 장방형의 비대에는 복련과 안상이 새겨져 있다. 비신의 전면에는 '□□사십칠년육

▲ 울진 나곡리 태실

월이십삼일생왕녀아기씨태실(□□四十七年六月二十三日生王女阿只氏胎室)', 후면에는 '만력사십칠□□□□초사일립(萬曆四十七□□□□初四日立)'이 새겨

▲ 태실비의 전면과 후면

---

88 1917년 12월 4일 『조선총독부 신라왕녀 태비조사보고서』에 포함된 실측도로. 해당 실측도는 이동철 · 조미애 · 윤정우, 2017, 『경북의 태실』, 경상북도문화재연구원 255p 참고하면 된다.

져 있다. 비신의 전면에 기록된 출생일은 만력 47년인 1619년(광해군 11) 6
월 23일로, 광해군과 소의 윤씨 소생의 옹주로 확인된다.

09 인조

▲ 태봉산 유래비

광주 용성대군 태실

광주 용성대군 태실은 광주광역시 북구
신안동 일대에 있었던 태봉산의 정상에 있
었다. 하지만 현재 태봉산은 흔적을 찾기
가 어려운데, 이유는 경양방죽(景陽防築)과
관련이 있다. 경양방죽은 광주광역시 동구
계림동에 있던 저수지로, 지난 1967년에
태봉산

을 허물어 경양방죽을 매립했다. 그 결
과 태봉산은 흔적도 없이 사라지고, 지
금은 태봉산이 있던 자리에 태봉산 유
래비가 세워져 있다. 용성대군(龍城大君,
1624~1629)의 태실은 지난 1928년(혹은
1929년)[89]태봉산에서 확인이 되었다. 이
때 출토된 태지석을 통해 천계 4년인
1624년(인조 2) 9월 초3일에 출생했으
며, 왕비 소생의 대군인 것을 알 수 있

▲ 광주 용성대군 태실의 태함

89 태실의 발굴 시기에 대해 태봉산 유래비는 1928년으로 표기한 반면 〈조선의 태실2(1999)〉에
    서는 1929년으로 표기하고 있다.

다. 또한 1625년(인조 3) 3월 25일에 태실을 조성했음이 확인된다. [96]

하지만 1625년에 조성된 태실임에도 1872년에 제작된 「전라좌도 광주지도」에 '고려왕자태봉(高麗王子胎封)'으로 표기되어 있는데, 247년 밖에 지나지 않았음에도 용성대군이 아닌 고려 왕자의 태봉으로 표기된 점은 태실의 관리가 제대로 이루어지지 않았음을 보여준다. 또한 전승과 실제 태주가 다를 수 있음을 용성대군의 태실을 통해 알 수 있다. 한편 용성대군의 태실지에서 출토된 태함은 현재 광주역사민속박물관의 야외로 옮겨져 전시 중이며, 태지석과 태항아리는 국립광주박물관으로 옮겨졌다. 특히 전시된 용성대군의 태함 옆에는 동일한 태봉산에서 옮겨왔다는 태함이 있는데, 『조선의 태실2(1999)』에서는 용성대군의 태실 이외에 다른 왕자·왕녀의 태실도 조성되었을 가능성을 언급하고 있다.

▲ 용성대군의 태함과 동일한 태봉산에서 옮겨왔다는 태함의 함신과 개석

충주 가춘리 주동 태실

충주 가춘리 주동 태실은 충청북도 충주시 엄정면 가춘리 229-3번지로, 해당 장소에는 인조와 귀인 조씨 소생의 낙선군 태실비가 남아 있다. 본래 이곳에는 동복형제인 숭선군(崇善君, 1639~1690)과 낙선군(樂善君, 1641~1695)의 태실이 있었다. 하지만 숭선군의 태실비는 사진으로만 확인

할 수 있을 뿐 지금은 행방을 알 수 없는 상태로, 비신의 전면에는 '기묘
십월십칠일묘시생일왕자아기씨태실(己卯十月十七日卯時生一王子阿只氏胎室)',
후면에는 '숭덕팔년십월이십오일립(崇德八年十月二十五日立)'이 새겨져 있었
다고 한다. 이를 통해 태주가 기묘년인 1639년(인조 17) 10월 17일에 출생
한 사실과 숭덕 8년인 1643년(인조 21) 10월 25일에 태실이 조성된 것을
알 수 있다. 이에 해당하는 태주는 인조와 귀인 조씨 소생의 숭선군이다.

▲ 낙선군 태실비(좌), 태실비의 후면(우)

　실물이 남아 있는 낙선군의 태실비의 비수는 상단에 연봉이 있는 하엽
의 형태로, 장방형의 비대에는 복련과 안상이 새겨져 있다. 비신의 전면
에는 '신사년십일월초칠일축시생이왕자아기씨태실(辛巳年十日月初七日丑時生
二王子阿只氏胎室)', 후면에는 '순치이년팔월이십사일립(順治二年八月二十四日
立)'이 새겨져 있다. 이를 통해 신사년인 1641년(인조 19) 11월 초7일에 출생
한 사실과 순치 2년인 1645년(인조 23) 8월 24일에 태실이 조성되었음을
알 수 있다. 이에 해당하는 태주는 인조와 귀인 조씨 소생의 낙선군이다.

10 효종

원주 숙휘 · 숙정공주 태실

원주 숙휘 · 숙정공주의 태실은 강원도 원주시 흥업면 대안리 1974-1번지로,[90] 태봉의 정상에는 효종과 인선왕후 장씨 소생의 숙휘공주(淑徽公主, 1642~1696)와 숙정공주(淑靜公主, 1645~1668)의 태실이 있다. 숙휘공주 태실비의 비수는 상단에 연봉이 있는 하엽의 형태로, 장방형의 비대에는 복련과 안상이 새겨져 있다. 비신의 전면에는 '숙휘공주아기씨태실(淑徽公主阿只氏胎室)', 후면에는 '강희원년십일월이십□□사시립(康熙元年十一月二十□□巳時立)'이 새겨져 있다. 이를 통해 숙휘공주의 태실이라는 사실과 강희 원년인 1662년(현종 3) 11월에 태실이 조성되었음을 알 수 있다.

▲ 원주 숙휘 · 숙정공주 태실

---

90 원주 숙휘 · 숙정공주 태실의 GPS 좌표는 'N37.2638/E127.8727'이다.

▲ 숙휘공주의 태실비

▲ 숙정공주의 태실비

숙정공주 태실비의 경우 상단 부분은 복원이 된 상태로, 장방형의 비대에는 복련과 안상이 새겨져 있다. 비신의 전면에는 '□정공주아기씨태실(□靜公主阿只氏胎室)', 후면에는 '□□원년십일월이십오일사시/함풍□년삼월십칠일육대손기호(□□元年十一月二十五一巳時/咸豊□年三月十七日六代孫基鎬)'가 새겨져 있다. 일제강점기 때 숙정공주의 태실이 이봉되는 과정에서 태지석이 확인되었다. 태지석의 명문을 통해 병술년인 1646년(인조 24) 11월 초7일에 출생한 사실과 강희 원년인 1662년(현종 3) 11월 25일에 태실이 조성되었음을 알 수

▲ 숙정공주 태실비(서삼릉), 전면: 숙정공주태실(淑靜公主胎室), 후면: □□□년오월/자강원도원주군흥업면이장(□□□年五月/自江原道原州郡興業面移藏)

있다. 한편 1734년에 발급한 강원감찰사의 완문(完文)[91]을 통해 숙휘·숙정 공주 태실 주변의 관리가 이루어졌다는 사실과 사방 100보의 경계에 금 표가 설치된 것을 알 수 있다. [97)

여기서 잠깐! 효종의 또 다른 공주 태실인 김천 숙명·숙경공주 태실

▲ 김천 숙명 · 숙경공주 태실지. 지금은 태실이 있던 자리에 구덩이만 남아 있다.

김천 숙명·숙경공주 태실은 경상북도 김천시 지례면 관덕리 531번지로, 원주 숙휘·숙정공주 태실처럼 쌍태로 조성되었다. 숙명공주(淑明公主, 1640~1699)·숙경공주(淑敬公主, 1648~1671)는 효종과 인선왕후 장씨의 소생으로, 현재 태실지에는 파헤쳐진 구덩이만 남아 있을 뿐, 태실 석물은 찾을 수가 없다. 해당 태실은 일제강점기 때 지금의 서삼릉으로 이봉되었는데, 당시의 출장복명서인 『태봉』[92]에는 해당 태실의 태실비와 태함, 태항아리, 태지석 등의 실측도가 있다.

해당 자료를 통해 숙명공주 태실비의 전면에 '숙명공주아기씨태실(淑明公主阿只氏胎室)', 후면에는 '순치십칠년십월일(順治十七年十月日)'이 새겨졌음

91 완문(完文): 조선시대에 관아에서 기관이나 단체, 개인 등에게 발급한 증명 문서로, 특권의 부여나 사실 확인 등의 관부 문서
92 『태봉(胎封)』은 1928년부터 1930년까지 전국에 산재해있던 태실을 서삼릉으로 이봉 과정을 기록한 책으로, 숙명공주와 숙경공주의 태실비와 태함, 태항아리 등 실측도가 남아 있다.

202

을 알 수 있다. 또한 숙경공주 태실비의 전면에는 '숙경공주아기씨태실(淑敬公主阿只氏胎室)', 후면에는 '순치십칠년십월일(順治十七年十月日)'이 새겨진 것을 확인할 수 있다. 이를 통해 태실의 조성 시기가 순치 17년인 1660년(현종 1) 10월인 것을 알 수 있다.

▲ 숙명공주 태실비(서삼릉), 전면: 숙명공주태실(淑明公主胎室), 후면: □□□년오월/자경북김천군지례면이장(□□□年五月/自慶北金泉郡知禮面移藏)　▲ 숙경공주 태실비(서삼릉), 전면: 숙경공주태실(淑敬公主胎室), 후면: □□□년오월/자경북김천군지례면이장(□□□年五月/自慶北金泉郡知禮面移藏)

11 현종

부여 명혜공주 태실

부여 명혜공주 태실은 충청남도 부여군 충화면 가화리 용골 구태봉에 있었다. 『태봉등록』을 보면 명혜공주(明惠公主, 1663~1673)의 태실이 동생인 명안공주(明安公主, 1667~1687)의 태실과 함께 조성된 것으로 확인된다. 명혜·명안공주는 현종과 명성왕후 김씨의 소생으로, 태실 조성 당시 관상감에서 길일로 언급한 시기는 1670년(현종 11) 3월부터 8월이었다. 현종의 윤허와 함께 2월 18일에는 해당 관청에 장태 때 쓸 잡물을 준비하게 하고, 도로를 닦는 일은 양도의 감사에게 공문을 보낸 것으로 파악된다. 이후의 태실 조성과 관련한 기록은 남아 있지 않지만 명혜공주 태실비와 명안공주 태지석의 명문을 통해 3월 13일에 태실이 조성되었음을 알 수 있다. 또한『현종개수실록』을 안태사 민점(閔點)이 다음과 같이 말하고 있다.

"두 공주의 태(胎)를 봉안할 때에 백성의 전답 약간이 금표(禁標) 안에 들어가 올해부터 농사를 짓지 못하게 되었습니다. 관둔전(官 屯田)으로 보상해 주도록 하소서."[98]

-『현종개수실록』권22 현종 11년(1670) 3월 19일 중

한편『조선의 태실2(1999)』를 보면 태봉에 있던 태실비가 1961년 7월에

▲ 명혜공주 태실비(좌), 태실비의 후면(우)

당시 면장이던 신상현 씨에 의해 천당리 면사무소로 옮겨졌다고 한다. 이후 명안공주 태실비는 면사무소의 연못을 메울 때 매몰되었다고 하며,[99] 현재 명혜공주 태실비는 정림사지박물관으로 옮겨져 있다. 명혜공주 태실의 유일한 흔적인 태실비의 비수는 상단에 연봉이 있는 하엽의 형태로, 장방형의 비대에는 복련과 안상이 새겨져 있다. 비신의 전면에는 '명혜공주아기씨태실(明惠公主阿只氏胎室)', 후면에는 '강희구년삼월십삼일립(康熙九年三月十三日立)'이 새겨져 있다.

여기서 잠깐! 두 공주의 언니인 명선공주의 태실은?

명선공주(明善公主, 1660~1673)는 현종과 명성왕후 김씨의 소생으로, 태실지는 충청남도 보령시 미산면 남심리 산 72-2번지다. 현재 태실이 있던 자리는 구덩이만 남아 있을 뿐 태실과 관련한 석물은 남아 있지 않다. 다만 명선공주의 태실이 이봉되는 과정에서 출토된 태지석을 통해 순치 17년인 1660년(현종 1) 2월 17일에 태실이 조성되었음을 알 수 있다.[100]

▲ 명선공주 태실비(서삼릉), 전면: 명선공주태실(明善公主胎室), 후면: □□□년오월/자충남보령군미산면이장(□□□年五月/自忠南保寧郡嵋山面移藏)

12 숙종

예산 연령군 태실

예산 연령군 태실은 충청남도 예산군 대술면 궐곡리 산54번지로, 태봉의 정상에는 연령군(延齡君, 1699~1719)의 태실이 있었다. 연령군 태실의

▲ 예산군 대술면 궐곡리에 있는 연령군 태실지의 원경

석물은 충남대학교 박물관의 야외로 옮겨졌다. 이 가운데 태함의 개석은 4개의 돌기가 돌출되어 있으며, 바로 옆에 있는 태실비의 경우 비수는 상단에 연봉이 있는 하엽의 형태로, 장방형의 비대에는 복련과 안상이 새겨져 있다.

비신의 전면에는 '강희삼십팔년육월십삼일인시생왕자아기씨태실(康熙三十八年六月十三日寅時生王子阿只氏胎室)', 후면에는 강희삼십팔년구월이십구일립(康熙三十八年九月二十九日立)이 새겨져 있는데, 이는 태지석의 내용

▲ 연령군 태실비

▲ 태함의 개석

과 동일하다. 이를 통해 강희 38년인 1699년(숙종 25) 6월 13일에 출생한 사실과 같은 해 9월 29일에 태실이 조성되었음을 알 수 있다. 이해에 태어난 왕자는 숙종과 명빈 박씨 소생의 연령군이다. 한편 일제강점기 때 연령군의 태실이 이봉되는 과정에서 태지석과 백자 형태의 태항아리가 출토되었다.

▲ 연령군 태실비(서삼릉), 전면: 연령군태실(延齡君胎室), 후면: □□□년오월/자충남예산군대술면이장(□□□年五月/自忠南禮山郡大述面移藏)

13 영조

연천 유촌리 태실

연천 유촌리 태실은 경기도 연천군 미산면 유촌리 산127번지로, 현재 태봉의 정상에는 태실비가 남아 있다.

과거 조사에서 태함이 확인된 바 있으며, 남아 있는 태실비의 비수는 상단에 연봉이 있는 하엽의 형태로, 장방형의 비대는 아무런 문양이 없다. 비신의 전면에는 '옹정육년팔월초삼일신시생옹주아기씨태실(雍正六年八月初三日申時生翁主阿只氏胎室)', 후면에는 옹정육년십월초팔일묘시립(雍正六年十月初八日卯時立)'이 새겨져 있다. [101] 이를 통해 태주가 옹정 6년인 1728년(영조 4) 8월 초3일에 출생한 사실과 같은 해 10월 초8일에 태실이 조성되었음을 알 수 있다. 『선원계보도』를 보면 이에 해당하는 왕녀는 영조와 영빈 이씨 소생의 옹주(1728)[93]로 확인된다.

▲ 영조와 영빈 이씨 소생의 옹주(1728) 태실비(좌), 태실비의 후면(우)

한편 『태봉등록』에는 연천 유촌리 태실의 조성 과정이 잘 남아 있는데, 내용을 요약해 보면 1728년 8월 15일에 관상감에 올린 장태지와 길일을 택하게 된다. 장태지로는 경기도 마전현 동면 유촌 신좌인향(申坐寅向)으

---

93   제4왕녀로, 화덕옹주(和德翁主)로 표기하는 사례도 있다.

로 정하고, 길일은 10월 초8일로 결정되었다.[102] 이는 태실비에 기록된
입비 시기와 일치하고 있다.

안성 성은리 태실

안성 성은리 태실은 경기도 안성시 원곡면 성은리 산31번지로, 태봉의
정상에 있었다. 이후 태실지에 흩어져 있던 태실 석물을 1960년에 4H회
원들이 수습해 통심마을회관으로 옮겼다. 수습된 석물은 태함과 태실비
로, 태함의 경우 함신과 개석이 온전하게 남아 있다. 또한 태실비의 경우
비수는 상단에 연봉이 있는 하엽의 형태로, 장방형의 비대는 아무런 문양
이 없다. 비신의 전면에는 '옹정십년정월초일일인시생옹주아기씨태실(雍
正十年正月初一日寅時生翁主阿只氏胎室)', 후면에는 '옹정십년삼월이십칠일묘
시립(雍正十年三月二十七日卯時立)'이 새겨져 있다.

▲ 영조와 영빈 이씨 소생의 옹주(1732) 태실비(좌), 태실비의 후면(우)

이를 통해 태주가 옹정 10년인 1732년(영조 8) 정월 초1일에 출생한 사

실과 같은 해 3월 27일에 태실을 조성한 것을 알 수 있어 영조와 영빈 이씨 소생의 제6왕녀로 확인된다. 『태봉등록』을 보면 1732년 2월 13일 신생옹주의 장태지를 경기도에서 고르도록 하라는 영조의 어명에 따라 관상감에서 양주 북면 가정자 퇴이동 오좌자향(午坐子向)과 양성 서면 승량원 망해산 청심사로 들어가는 동구 묘좌유향(卯坐酉向)의 자리 두 곳 중 양성 서면으로 결정되었다. 장태 길일은 3월 27일 묘시로

▲ 태함

결정되었는데, 이는 태실비의 내용과 일치하고 있다.

춘천 용산리 태실

춘천 용산리 태실은 강원도 춘천시 신북읍 용산리 산1번지[94]로, 태봉의 정상에는 태실비와 태함의 개석이 노출되어 있다. 안내문을 보면 정상에 있던 분묘의 동쪽 경사면에 태실 석물이 흩어져 있던 것을 현재의 모습으로 복원한 것임을 알 수 있다. 태실 석물 가운데 태실비의 비수는 상단에 연봉이 있는 하엽의 형태로, 장방형의 비대는 아무런 문양이 없다. 비신의 전면과 후면의 명문은 누군가 인위적으로 훼손해서 육안 판독이 어려운 상태다.

다만 안내문을 비롯해 선행 자료를 취합해 보면 태실비의 전면에는 '옹정십일년삼월초칠일인시생옹주아기씨□□(雍正十一年三月初七日寅時生翁主

---

94 용산리 716-2번지를 검색한 뒤 왼쪽에 있는 태봉산의 정상부에 태실 석물이 남아 있다. GPS 좌표는 'N37.9643/E127.6789'이다.

▲ 태실비

▲ 춘천 용산리 태실. 화협옹주의 태실이다.

阿只氏□□)', 후면에는 '옹정십일년

오월이십사일진시립/서표관[95]승문

원박사김징경(雍正十一年五月二十四日

辰時立/書標官承文院博士金徵慶)'이 새겨

진 것으로 확인된다. 이를 통해 태

주가 옹정 11년인 1733년(영조 9) 3월

초7일에 출생한 사실과 같은 해 5월

▲ 일부 노출된 태함의 개석

24일에 태실을 조성했음을 알 수 있다. 이해에 태어난 옹주는 영조와 영

빈 이씨 소생의 화협옹주(和協翁主, 1733~1752)다. 화협옹주는 사도세자의

친누이로 둘 사이는 매우 각별했다. 실제『홍재전서』에 기록된 현륭원의

행장을 보면 화협옹주를 생각했던 사도세자의 마음을 엿볼 수 있다.

---

95 서표관(書標官): 태실 조성을 위임받은 안태사(安胎使)를 따라온 실무 관료

"내가 그 누이에게 각별한 정이 있는데, 지금 갑자기 가고 말았으니, 이 슬픔을 어디에다 비할까. 직접 가서 이 슬픔을 쏟을 길도 없으니 지극히 한이 된다."[103]

– 『홍재전서』 제18권 행장(行狀), 현륭원의 행장 중

포천 무봉리 태봉

▲ 태함

포천 무봉리 태봉은 경기도 포천시 소흘읍 무봉리 산132번지로, 태봉의 정상에 있던 석물은 현재 무봉 2리 마을회관 옆 보호수 아래로 옮겨졌다. 앞선 안성 성은리 태실처럼 태함과 태실비가 온전하게 남아 있으며, 태함은 함신과 개석으로 구분된다. 태실비의 경우 비수는 상단에 연봉이 있는 하엽의 형태로, 장방형의 비대는 아무런 문양이 없다. 비신의 전면에는 '옹정십삼년구월십구일축시생옹주아기씨태실(雍正十三年九月十九日丑時生翁主阿只氏胎室)', 후면에는 '옹정십삼년십일월이십육일진시립(雍正十三年十一月二十六日辰時立)'이 새겨져 있다.

▲ 영조와 귀인 조씨 소생의 신생옹주 태실비

이를 통해 태주가 옹정 13년인 1735년(영조 11) 9월 19일에 출생한 사실과 같은 해 11월 26일에 태실을 조성했음을 알 수 있다. 이해에 태어난 왕녀는 영조와

212

귀인 조씨 소생의 옹주[96]로 확인된다. 『태봉등록』에는 포천 무봉리 태봉의 장태 과정이 기록되어 있는데, 태실지를 경기도에서 찾으라는 영조의 지시에 따라 1735년 10월 15일 관상감의 지관 김우희를 보내 태실지를 조사했다. 이때 올린 태실지 가운데 경기도 포천현 서쪽 소흘산면 약사동 병좌임향(丙坐壬向)으로 낙점되었다. 이와 함께 장태 길일은 같은 해 11월 26일 진시(辰時)로 결정되었는데, 태실비의 내용과 일치하고 있다.

포천 만세교리 태봉

▲ 포천 만세교리 태봉. 태실비와 태함의 개석이 노출되어 있다.

포천 만세교리 태봉은 경기도 포천시 신북면 만세교리 산13-2번지로, 대원사 옆 태봉의 정상에 있다. 태실지에는 태실비와 태함의 개석이 노출된 상태로, 태실비의 경우 비수의 형태는 갓 모양을 닮았다. 이와 함께 상단에 연봉이 있는 하엽의 형태로, 장방형의 비대는 아무런 문양이 없다. 비신의 전면에는 '건륭삼년정월십구일축시생옹주아기씨태실(乾隆三年正月十九日丑時生翁主阿只氏胎室)', 후면에는 '건륭삼년삼월이십육일오시립(乾隆三年三月二十六日午時立)'이 새겨져 있다. 이를 통해 태주가 건륭 3년인 1738년(영조 14) 정월 19일에 출생한 사실과 같은 해 3월 26에 태실이 조성되었음을 알 수 있다. 이해에 태어난

---

96 영조의 8왕녀로, 경기도 부천시 작동 58-17번지에는 해당 왕녀의 묘(부천 신생옹주 묘)가 있다.

▲ 화완옹주의 태실비(좌), 태실비의 후면(우)

옹주는 영조와 영빈 이씨 소생의 화완옹주 (和緩翁主, 1738~1808)다. 『태봉등록』을 보면 1738년 2월 18일에 화완옹주의 태실지로 경기도 포천현 북면 만세교 동쪽 을좌신향 (乙坐辛向)으로 낙점되었다. 이와 함께 장태 길일은 3월 26일 오시로 결정되었는데, 이 는 태실비의 명문과 일치하고 있다.

▲ 일부 노출된 태함의 개석

당진 화유옹주 태실

당진 화유옹주 태실은 충청남도 당진시 순성면 성북리 산188-1번지로, 화전저수지 옆 태봉의 정상에 있었다. 현재 정상부에는 첨탑이 들어섰고, 태실지 주변에 비대와 태함의 함신이 방치되어 있다. 비대의 경우 장방형 으로 아무런 문양이 없으며, 함신과 함께 있어야 할 개석은 유실된 상태

▲ 태봉산에 남아 있는 석물

다. 반면 태실비의 비신은 순성초등학교 교정으로 옮겨졌는데, 비수는 상
단에 연봉이 있는 하엽의 형태다. 비신의 명문은 육안 판독이 가능한 수
준으로, 전면에는 '건륭오년구월이십구일자시생옹주아기씨태실(乾隆五年
九月二十九日子時生翁主阿只氏胎室)', 후면에는 '건륭오년십일월이십팔일유시
립(乾隆五年十一月二十八日酉時立)'이 새겨져 있다. 이를 통해 태주가 건륭 5
년인 1740년(영조 16) 9월 29일에 출생한 사실과 같은 해 11월 28일에 태
실을 조성했음을 알 수 있다. 이해에 태어난 옹주는 영조와 귀인 조씨 소
생인 화유옹주(和柔翁主, 1740~1777)다. 『태봉등록』을 보면 1740년 10월 17
일에 화유옹주의 태실지로 공홍도 면천군 북쪽 성후(城後) 마을 동쪽의 곤
좌간향(坤坐艮向)으로 낙점되었다. 이와 함께 장태 길일은 11월 28일 묘시
(卯時)로 결정되었는데, 이는 태실비에 기록된 날짜와 동일하다.[97]

▲ 함신과 비대

▲ 순성초등학교로 옮겨진 태실비의 비신

▲ 화유옹주 태실비(서삼릉), 전면: 영조왕녀태실(英祖王女胎室), 후면: □□□년오월/자충남당진군순성면이장(□□□年五月/自忠南唐津郡順城面移藏)

---

97 『태봉등록』에서는 묘시(卯時)인데 반해 태실비는 유시(酉時)로 기록되어 있다.

▲ 태함

▲ 화령옹주 태실비

예산 화령옹주 태실은 충청남도 예산군 광시면 월송리 230-1번지로, 현재 태실 석물은 대흥동헌 내부로 옮겨졌다. 옮겨진 석물은 태함과 태실비로, 태함의 경우 함신과 개석이 온전하게 남아 있다. 태실비의 경우 비수는 상단에 연봉이 있는 하엽의 형태로, 장방형의 비대는 아무런 문양이 없다. 비신의 경우 사선으로 잘려 나간 것을 이어 붙인 흔적이 남아 있으며, 비신의 전면에는 '건륭십팔년삼월초이일술시생옹주아기씨태실(乾隆十八年三月初二日戌時生翁主阿只氏胎室)', 후면에는 '건륭십팔년오월십삼일립(乾隆十八年五月十三日立)'이 새겨져 있다. 이를 통해 태주가 건륭 18년인 1753년

▲ 화령옹주 태실비(서삼릉), 전면: 영조왕녀태실(英祖王女胎室), 후면: □□□년오월/자충남예산군광시면이장(□□□年五月/自忠南禮山郡光時面移藏)

(영조 29) 3월 초2일에 출생한 사실과 같은 해 5월 13일에 태실을 조성했다는 사실을 알 수 있는데, 이는 태지석의 내용과 일치한다. 이해에 태어난 옹주는 영조와 숙의 문씨 소생의 화령옹주(和寧翁主, 1753~1821)로, 일제강점기 때 화령옹주의 태실이 이봉되는 과정에서 태지석과 백자 형태의 태항아리가 출토되었다.

단양 화길옹주 태실

단양 화길옹주 태실은 충청북도 단양군 대강면 용부원리 산58-5번지로, 태봉의 정상 부근[98]에 태실비와 태함의 함신이 노출되어 있다. 태실비의 경우 비수는 상단에 연봉이 있는 하엽의 형태로, 장방형의 비대는

▲ 일부 노출된 태함의 함신

아무런 문양이 없다. 비신의 전면에는 '건륭십구년오월십구일미시생옹주아기씨태실(乾隆十九年五月十九日未時生翁主阿只氏胎室)', 후면에는 '건륭십구년칠월이십오일진시립(乾隆十九年七月二十五日辰時立)'이 새겨져 있다. 이를 통해 태주가 건륭 19년인 1754년(영조 30) 5월 19일에 출생한 사실과 같은 해 7월 25일에 태실이 조성되었음을 알 수 있는데, 이는 태지석의 내용과 일치한다. 이해에 태어난 옹주는 영조와 숙의 문씨 소생의 화길옹주(和吉翁主, 1754~1772)로, 일제강점기 때 화길옹주의 태실이 이봉되는 과정에서 태지석과 백자 형태의 태항아리, 개원통보와 금박 등이 출토되었다.

---

98 화길옹주의 태실이 있는 태봉산은 중앙고속도로가 건설되면서 반쪽가량이 훼손이 된 상태다.

▲ 태실비

▲ 화길옹주 태실비(서삼릉), 전면: 영조왕
녀태실(英祖王女胎室), 후면: □□□년오
월/자충북단양군대강면이장(□□□年五
月/自忠北丹陽郡大崗面移藏)

14 장조

영주 의소세손 태실지

영주 의소세손 태실은 경상북도 영주시 고현동 산7번지로, 태봉 정상
에 있다. 과거에 태함의 개석 일부가 노출되어 있었으나, 지난 2009년 태
실지에 대한 긴급 발굴 조사가 이루어진 뒤 복토가 된 상황이다. 출토된
태지석을 통해 태주가 경오(庚午)[99] 8월 27일에 출생한 사실과 건륭 15년
인 1750년(영조 26) 12월 25일에 태실이 조성된 것을 알 수 있다.[104] 이해
에 태어난 원손은 사도세자(추존 장조)와 혜경궁 홍씨(추존 헌경의황후)의 소

---

99 경오년은 1750년(영조 26)을 말한다.

▲ 의소세손 태실비(서삼릉), 전면: 의소세손태실(懿昭世孫胎室) 후면: □□□년오월/자경북영주군영주면이장(□□□年五月/自慶北榮州郡榮州面移藏)

▲ 영주 의소세손 태실지

생인 의소세손(懿昭世孫, 1750~1752)이다. 이와 함께『승정원일기』에는 "원손의 태봉을 경상도 영주군 태백산 자락의 북동좌에서 남서향으로 낙점하였다."[105]라고 기록되어 있다. 한편 일제강점기 때 의소세손의 태실을 이봉하는 과정에서 태함 내에서 태지석과 백자 형태의 태항아리, 개원통보 등이 출토되었다.

15 정조

예천 문효세자 태실

예천 문효세자 태실은 경상북도 예천군 용문면 내지리 산82번지로, 용문사(龍門寺) 대장전(大藏殿) 뒤쪽 봉우리 정상에 있다. 태실지에는 태실비가 남아 있는데, 지난 2019년 발굴 조사를 통해 태함의 존재가 확인되었다. 태실비의 경우 비수는 상단에 연봉이 있는 하엽의 형태로, 장방형의 비대는 아무런 문양이 없다. 비신의 전면에는 '건륭사십칠년구월초칠일인시생원자아기씨태실(乾隆四十七年九月初七日寅時生元子阿只氏胎室)', 후면에는 '건륭사십팔년구월초육일립(乾隆四十八年九月初六日立)'이 새겨져 있다. 이를 통해 건륭 47년인 1782년(정조 6) 9월 초7일에 출생한 원자의 태실로, 건륭 48년인 1783년(정조 7) 9월 초6일에 태실이 조성되었음을 알 수 있다. 1782년에 태어난 원자는 정조와 의빈 성씨 소생의 문효세자(文孝世子, 1782~1786)다.

『원자아기씨안태등록(元子阿只氏安胎謄錄)』을 보면 문효세자의 태실은 일등 태봉[100]으로 경상도 예천군 용문산 아래 임좌병향(壬坐丙向)[101]으로 낙점되었다. 정조는 문효세자의 태실 조성하는데 있어 간소하게 할 것을 주문했는데, 만약 책판(責辦)[102]하다 발각될 경우 지방관뿐 아니라 해당 도신(道

▲ 태실비

▲ 예천 문효세자 태실

▲ 문효세자 태실비(서삼릉). 전면: 문효세자태실(文孝世子胎室), 후면: □□□년오월/자경북예천군용문면이장(□□□年五月/自慶北醴泉郡龍門面移藏)

臣: 관찰사)에게도 책임을 묻겠다며 엄포를 내렸다. 안태사 일행은 1783년(정조 7) 9월 초5일에 용문산 태봉 아래 도착했다. 이후 절차를 밟아 태실을 안치한 뒤 태실 앞쪽에 태실비를 세웠다. 한편 일제강점기 때 문효세자 태실이 이봉되는 과정에서 태지석과 백자 형태의 태항아리가 출토되었다.

여기서 잠깐! 문효세자와 폐비 윤씨 태실이 있는 예천 용문사

예천 용문사(龍門寺)는 문효세자의 태실을 수호하는 사찰이다. 용문사는 870년(경문왕 10) 두운(杜雲) 선사에 의해 창건된 것으로 전한다. 이러한 용문사에는 세조가 내린 감역교지[103]가 남아 있는데, 용문사의 잡역을 면제하는 내용이다. 숭유억불(崇儒抑佛) 시대인 것을 감안하면 예외적인 조치로, 호불군주를 자처했던 세조의 의지가 반영된 것이다. 하지만 조선 후기에 이르면 이 같은 조치는 지켜지지 않고, 잡역이 부과된 것으로 보이는데『일성록』을 보면 다음과 같은 내용이 있다.

---

100 문효세자의 태실이 일등 태봉지에 조성된 건 정조의 유일한 아들이자 왕위를 계승할 신분이었기 때문으로 추정된다.

101 임좌병향(壬坐丙向): 태실을 중심으로 뒤쪽은 임방(壬方), 앞쪽은 병방(丙方)인 방향

102 책판(責辦): 책임을 지워 물건을 마련하는 행위

103 예천 용문사 감역교지는 보물 제729호로, 용문사의 잡역을 면제하는 내용인 세조의 친필 교지다.

▲ 예천 용문사

"예천 용문사는 고려 태조가 창건한 것이고, 우리 조정의 광묘(光廟: 세조를 말한다)께서 특별히 유지를 내려 승도들의 잡역을 영구히 면제해 주어서… <중략> 그런데 그 후로 승도들의 역이 많아져서 대부분 흩어져 천 년에 가까운 고적이 장차 지탱할 수 없게 되었으니, 이것만으로 이미 애석합니다. 게다가 이번에 태실[104]을 봉안한 뒤 수호하는 일을 전적으로 승도들에게 맡기고 있으니 사체가 더욱 중합니다."[106]

– 『일성록』 정조 7년 계묘(1783) 9월 15일 중

위 내용은 서호수(徐浩修)가 정조에게 용문사 승려들이 잡역에 동원되는

---

104 문효세자 태실을 말한다.

것에 대한 우려를 고하는 내용이다. 즉 승려들에 대한 잡역이 많아지면 천년 고적인 용문사를 지탱하기 어렵고, 그렇게 되면 태실을 수호하는 것에 차질이 생긴다는 것이 요지다. 한편 용문사의 사례처럼 태실을 수호하는 사찰은 ▶김천 직지사(直指寺)/정종 태실 ▶영천 은해사(銀海寺)/인종 태실 ▶보은 법주사(法住寺)/순조 태실 ▶예천 명봉사(鳴鳳寺)/문종, 장조 태실 등이 있다.

16 철종

영월 철종 원자 융준 태실

▲ 태함의 개석   ▲ 영원 철종 원자 융준 태실의 금표비

　영월 철종 원자 융준 태실은 강원도 영월군 주천면 신일리 산356번지로, 태실지에는 태함의 개석이 노출되어 있다. 일제강점기 때 태실이 이봉되는 과정에서 백자 형태의 태항아리가 출토되었으며, 태실과 함께 주목해 볼 금표비가 남아 있다. 그런데 태실지에 세워진 표석과 안내문을 보면 철종의 태실로 소개한 바 있고, 간혹 철종 왕세자 태실로 표기하는 경우도 있으나 이는 잘못된 것이다. 『승정원일기(承政院日記)』와 『원자아기

씨안태등록(元子阿只氏安胎謄錄)』의 교차 분석을 통해 철종과 철인왕후 김씨 소생의 원자 융준(隆俊, 1858~1859)으로 고증된다. 최초 융준의 태실은 강원도 원주부 주천면 복결산 아래 임좌병향(壬坐丙向)[105] 자리로 낙점되었다.[107]

▲ 영월 철종 원자 융준 태실지. 태함의 개석이 일부 노출이 되어 있다.

▲ 철종 원자 융준 태실비(서삼릉), 전면: 철종왕자태실(哲宗王子胎室), 후면: □□□년오월/자강원도영월군양변면이장(□□□年五月/自江原道寧越郡兩邊面移藏)

해당 태실의 연대를 파악할 수 있는 중요한 흔적이 바로 금표비다. 금표비의 전면에는 '금표(禁標)', 후면에는 '함풍구년이월일(咸豊九年二月日)'이 새겨져 있다. 이를 통해 함풍 9년인 1859년(철종 10) 2월에 태실이 조성된 것을 알 수 있다. 또한 서삼릉으로 이봉된 태실에서 철종 왕자 태실이 확인되는 점은 해당 태실이 철종의 원자 융준 태실인 것을 보여준다. 이와 함께 철종의 왕세자 표기 역시 잘못된 것으로, 융준은 돌이 되기 전 세상을 떠나 세자로 책봉되지

105　임좌병향(壬坐丙向): 태실을 중심으로 뒤쪽은 임방(壬方), 앞쪽은 병방(丙方)인 방향

못한 상태였다. 이후 추증한 기록도 없기 때문에 왕세자라는 호칭은 잘못
된 것이다.

한편 『원자아기씨안태등록(元子阿只氏安胎謄錄)』을 보면 애초 태지석과 태
실비가 없었을 가능성이 있는데, 그 내용은 다음과 같다.

> "태를 묻을 때 석물은 고례(古例)에는 옹석·개석·내지석·표석을
> 사용하였는데, 경술년에 태를 묻을 때에는 특교로 인하여 옹석과
> 개석만을 사용하였습니다. 이번에는 어떻게 해야겠습니까? 감히
> 여쭙니다." 하니, 전교하기를 "경술년 예대로 하라." 하였다.[108]

창덕궁 후원에 조성된 태실

창덕궁은 서울의 다른 궁궐들과 달리 후원(後苑)[106]으로 유명한 곳이다. 지금의 기준으로 봐도 후원은 도심 속에 이런 곳이 있나 싶을 정도로 아름다운 한 폭의 자연 경관을 보여준다. 이러한 후원의 모습은 『동궐도』를 비롯해 『창덕궁 태봉도면』 등을 통해 확인할 수 있다. 특히 『창덕궁 태봉도면』에는 후원의 북쪽에 북악(北岳, 북악산), 동쪽에는 응봉(鷹峯)이 자리하고 있다. 응봉에서 발원한 물이 흘러드는 옥류천(玉流川) 등이 표기되어 있어 후원의 규모와 형태를 짐작할 수 있다.

창덕궁은 최초 1405년(태종 5)에 완공되었는데, 이후로도 수축을 계속해 궁궐의 형태를 갖추어 나갔다. 하지만 임진왜란(壬辰倭亂)을 거치며 소실되었고, 광해군 때 재건이 이루어졌지만 인조반정(1623년)으로 인해 주요

106　비원(秘苑)으로도 불리며, 조선시대의 대표적인 정원 유적이다.

▲ 창덕궁 부용지와 부용정

전각이 소실되었다. 이후 1647년(인조 25)에 다시 복원되는 등 우여곡절을 겪었다. 일제강점기 때인 1917년에 화재로 인해 대조전(大造殿) 일대가 불에 타 소실되었고, 대조전의 재건을 위해 경복궁의 교태전(交泰殿)을 헐어 사용했다. 이 무렵 나라는 망했지만, 창덕궁은 여전히 구 황족이 거주하는 공간이자 역사의 현장이었다. 경술국치(庚戌國恥, 1910) 이후 조선 왕실은 일제의 왕공족(王公族)으로 편입되었고, 황제였던 순종은 이왕(李王)으로, 태황제였던 고종은 이태왕(李太王)으로 격하되었다. 때문에 일제강점기 당시 조선왕실은 이왕가(李王家)로 불렸고, 고종의 경우 덕수궁에 머물렀기에 덕수궁 이태왕, 순종의 경우 창덕궁에 머물러서 창덕궁 이왕으로 불리기도 했다. 이러한 호칭을 통해 당시 창덕궁이 왕과 왕실을 상징했음을 알 수 있는데, 이를 잘 보여주는 유물이 바로 창덕궁 금표다.

▲ 창덕궁 낙선재

▲ 창덕궁 금표

창덕궁 금표는 전주 건지산 일대에서 발견
되었는데, 건지산은 전주 이씨의 시조인 이
한의 묘가 있는 조경단(肇慶壇)이 있는 곳이
다. 즉 창덕궁 금표는 건지산 일대의 땅이
창덕궁의 소유인 것과 조경단을 보호하기 위
해 세운 것임을 의미한다.[107] 한편 해방된 이
후에도 순종의 황비인 순정효황후(純貞孝皇
后, 1894~1966), 덕혜옹주, 영친왕의 비인 이
방자 여사[108]등이 마지막까지 거처한 곳 역시

---

107 창덕궁 금표의 전면에는 창덕궁(昌德宮)이 새겨져 있는데, 추가 명문이 없기에 표석을 세운
시기는 정확히 알 수 없다. 다만 해당 금표가 조경단이 있는 건지산 일대에서 발견되었다는
점을 고려해보면 1899년(고종 36)에 조경단을 정비하고, 성역화하는 과정에서 세웠을 가능성
이 높다. 즉 창덕궁 금표는 조경단 일대가 왕실 소유의 땅이기에 그 경계에 세운 표석으로,
이 일대의 출입과 벌채, 개간 등을 금지하기 위한 목적으로 추정된다.

108 이방자(李方子, 1901~1989), 나시모토노미야 모리마사와 나시모토노미야 이츠코의 딸로, 결혼
전의 이름은 나시모토노미야 마사코(梨本宮方子)다.

창덕궁 낙선재(樂善齋)였다. 따라서 창덕궁은 조선시대를 넘어 근·현대 시기 우리 역사의 한 장면을 담고 있는 공간인 것이다.

01 숙선옹주 태실[109]

창덕궁의 태실 가운데 가장 먼저 소개할 곳은 숙선옹주의 태실이다. 숙선옹주(淑善翁主, 1793~1836)는 정조와 수빈 박씨의 소생으로, 순조의 누이가 되는 인물이다. 『정조실록』에는 숙선옹주의 태실과 관련해 다음과 같이 기록하고 있다.

> "갓난 옹주(翁主)의 태(胎)를 내원(內苑)에 묻었다. 우리나라의 옛 고사에 왕자나 공주 옹주가 태어날 때마다 유사가 태를 묻을 곳 세 곳을 갖추어 올려 낙점을 받아서 안태사(安胎使)를 보내 묻곤 하였다. 그런데 영종 갑술년에는 명하여 군주(郡主)의 태를 묻을 적에 안태사를 보내지 말고 다만 중관(中官)을 시켜 가 묻도록 하였다. 그러다가 을유년에 태를 담은 석함(石函)을 경복궁의 북쪽 성 안에서 얻고서야 비로소 중엽 이전의 옛 규례는 내원에 묻었음을 알았다. 그리고는 명하여 앞으로 태를 묻을 때는 반드시 내원의 정결한 땅에 묻도록 하였었다. 그런데 이때에 이르러 유사가 옹주의 태 묻을 의식 절차를 품하자, 상이 선왕조의 수교(受敎)를 준행하여 이날 주합루(宙合樓)의 북쪽 돌계단 아래에 태를 묻게 하였다."[110]
>
> – 『정조실록』권37 정조 17년(1793) 4월 8일 중

▲ 부용정에서 바라본 주합루

위의 기사를 통해 몇 가지 중요한 사실을 알 수 있다. 보통 영조 이전까지 태실의 조성은 길지에 하는 것이 관례였고, 신분과 성별에 따라 태실의 규모 역시 다르게 조성했다. 그랬기에 영조 이전의 태실은 전국적으로 고른 분포가 특징이었다. 그런데 영조 때부터 사정이 달라졌다. 을유년(1765)을 시작으로 태실을 창덕궁 후원에 묻는 조치가 이루어졌고, 이는 고종 때까지 계속 이어진 것으로 확인된다.[111] 『태봉등록』을 보면 영조는 자신의 가봉 태실을 조성할 때 전례에 얽매이지 않고, 태실의 규격을 간소하게 하려는 노력을 보였다. 이는 무분별한 태실의 조성을 억제해 백성들의 고충을 경감시키고자 했던 영조의 의지가 반영된 것이다.

이러한 영조의 의지는 손자인 정조 역시 계승했는데, 이는 정조의 딸인 숙선옹주의 태를 주합루(宙合樓)[109 112] 북쪽 돌계단에 묻은 것에서 찾을 수

▲ 숙선옹주의 태를 묻었다는 주합루 뒤쪽의 전경과 돌계단

있다. 실제 정조 때부터 외부에 아기씨 태실을 조성하는 사례는 줄어드는
데, 주로 세자와 원자 등 왕위 계승과 관련이 있는 왕자의 태실만 외부에
조성했다.[110] 이러한 배경이 있었기에 고종의 자녀인 영친왕과 덕혜옹주, 고
종 제8왕자, 고종 제9왕자의 태실 등이 창덕궁 후원에 조성될 수 있었다.

02 영친왕, 덕혜옹주, 고종 제8왕자의 태실지[113]

영친왕(英親王, 1897~1970)과 덕혜옹주(德惠翁主, 1912~1989), 고종 제8왕자
의 태실지를 찾기 위해서는 1929년에 제작된『창덕궁 태봉도면』을 참고
해야 한다. 도면에는 각각 정유태봉(丁酉胎封, 영친왕), 임자태봉(壬子胎封, 덕
혜옹주), 갑인태봉(甲寅胎封, 고종 제8왕자) 등 3곳의 태실지가 표시되어 있다.
『창덕궁 태봉도면』을 제대로 이해하기 위해서는 별도의 창덕궁 지적도와
함께 비교하면서 봐야 한다.

---

109 주합루(宙合樓): 1776년(정조 즉위년)에 만들어진 규장각 건물이다.
110 정조 이후의 태실 중 외부에 조성된 아기씨 태실은 예천 문효세자 태실과 영월 철종 원자
     융준 태실의 사례가 확인된다.

▲「창덕궁 태봉도면」© 한국학중앙연구원 장서각　　　▲ 영친왕의 태실지로 추정되는 현장

▲ 영친왕 태실비(서삼릉), 전면: 이왕전하 태실(李王殿下胎室), 후면: □□□년오월/ 자창덕궁비원이봉(□□□年五月/自昌德宮秘苑移封)

　　가장 먼저 『창덕궁 태봉도면』속 정유태봉으로 표기된 영친왕의 태실지에는 태실을 이봉할 때 생긴 것으로 보이는 구덩이가 남아 있다. 태실지 주변으로 방공호가 만들어지면서 지형이 변했지만, 도면 속 좌우 골짜기의 윤곽을 찾아볼 수 있다.

　　두 번째로 임자태봉으로 표기된 덕혜옹주 태실지 역시 이봉할 때 파낸 인위적인 구덩이가 있으며, 도면 속에서 확인되는 좌우 골짜기가 남아 있다. 마지막으로 갑인태봉으로 표기된 고종 제8왕자 태실지 역시 이봉할 때 생긴 구덩이를 확인할 수 있다. 종합해 보면 각 태실지 모두 현재 태실의 이봉 과

234

▲ 덕혜옹주 태실지로 추정되는 현장　　　　　▲ 고종 제8왕자 태실지로 추정되는 현장

▲ 덕혜옹주 태실비(서삼릉), 전면: 덕혜옹주태실(德惠翁主胎室), 후면: □□□년오월/자창덕궁비원이장(□□□年五月/自昌德宮秘苑移藏)

▲ 고종 제8왕자 태실비(서삼릉), 전면: 고종제팔남태실(高宗第八男胎室), 후면: □□□년오월/자창덕궁비원이장(□□□年五月/自昌德宮秘苑移藏)

▲ 고종 제9왕자 태실비(서삼릉), 전면: 고종제구남태실(高宗第九男胎室), 후면: □□□년오월/자창덕궁비원이장(□□□年五月/自昌德宮秘苑移藏)

정에서 생긴 구덩이만 남아 있을 뿐, 태함 등의 석물 흔적은 찾기가 어렵다. 이와 함께 고종 제9왕자의 태실 역시 창덕궁 후원에 조성된 것으로 확인되지만, 정확한 위치는 확인되고 있지 않다.

▲ 창덕궁 능허정. 태실을 찾는 데 있어 중요한 이정표다.

▲ 창덕궁 연경당(좌)과 농수정(우)

　한편 『창덕궁 태봉도면』을 보면 태실지의 위로 능허정(凌虛亭)이 있고, 아래에는 연경당(演慶堂)과 농수정(濃繡亭)이 표기되어 있다. 태실지를 찾는 데 중요한 이정표가 되는 능허정은 1691년(숙종 17)에 만들어진 정자로,

후원의 산봉우리에 있다. 또한 연경당은 사대부의 집 형태로, 효명세자가 아버지 순조를 위해 진작례(進爵禮)를 올리기 위해 조성했다. 진작례는 신하가 왕에게 술을 올리는 의식으로, 이를 통해 왕권을 강화하고자 했던 효명세자의 의지를 엿볼 수 있는 공간이다. 농수정(濃繡亭)은 연경당의 부속 정자로, 마치 매가 날개를 편 것처럼 날렵한 형상으로 표현된다.

또한 응봉에서 발원한 물이 옥류천(玉流川)으로 흘러드는데, 옥류천에는 인조가 남긴 옥류천 각자와 함께 숙종이 남긴 오언절구 시가 새겨져 있다. 특히 옥류천 인근에서 태항아리가 출토되었는데, 창덕궁 후원에 태실을 조성하게 된 계기가 영조 때인 점을 고려해 보면 1765년(영조 41) 이후에 조성된 태실의 흔적일 가능성이 높다.

▲ 옥류천의 전경

왕비의 태실

01 영주 소헌왕후 태실

▲ 영주 소헌왕후 태실지. 분묘가 들어섰으며, 일부 태실 석물이 재활용되었다.

세종의 왕비인 소헌왕후 심씨(昭憲王后 沈氏, 1395~1446)의 태실은 경상북도 영주시 순흥면 배점리 산22-2번지로, 초암사를 출발해 국망봉으로 오르는 등산로 상에 있다. 『세종실록』에는 최초 소헌왕후의 태실이 양주 동면 여염 사이에 있었으나, 왕비가 된 이후 경상도 순흥부 중륜사(中輪寺) 골짜기로 태실을 옮겨 묻었다고 적고 있다. 또한 『신증동국여지승람』 풍기현 편을 보면 소헌왕후의 태실이 소백산 윤암봉(輪庵峯)에 있었음을 알 수 있다.

▲ 망주석, 태실 석물을 재활용했다.

▲ 우전석

한편『세조실록』에는 소헌왕후 태실의 석난간(石欄干)과 전석(磚石)을 보수한 사실 및 태실을 수호하기 위해 품관 8인과 군인 8명을 배치했다고 적고 있다. 태실을 수호하는 수직(守直)과 석난간, 전석 등의 석물은 가봉 태실에서 확인되는 특징이다. 현재

▲ 횡죽석

소헌왕후의 태실지는 분묘가 들어선 상태로, 상석에 새겨진 기묘구월(己

卯九月) 명문을 통해 1939년에 분묘가 조성되었음을 알 수 있다. 현재 소헌왕후 태실은 분묘 주변으로 장태 석물의 일부가 확인된다. 남아 있는 석물은 대부분은 우전석과 횡죽석으로, 상석으로 추정되는 석물과 묘의 망주석으로 재활용된 동자석주 등의 석물이 남아 있다.

02 홍천 정희왕후 태실

홍천 공작산은 세조의 왕비인 정희왕후 윤씨(貞熹王后 尹氏, 1418~1483)의 태실을 묻었다고 전해지는 곳으로,『신증동국여지승람』홍천현 편을 보면 공작산과 관련해 현의 동쪽 25리에 있는데, 정희왕후의 태를 봉안했다고 적고 있다. 또한『성종실록』을 보면 영락 무술년(1418) 11월 정해에 태후가 홍천의 공아(公衙)에서 태어났다고 적고 있다. 위의 두 기록을 종합해 보면 홍천의 공아, 즉 관아에서 태어난 정희왕후의 태(胎)를 공작산에 묻

▲ 홍천 수타사와 태실지로 추정되는 뒷산(A)

▲ 덕치천 건너편에 있는 태능산. 태실 추정지(B)

었음을 알 수 있다. 다만 정희왕후의 태실지와 관련해서는 『조선의 태실 1(1999)』에서는 수타사 뒷산으로 설명하고 있는 반면 홍성익(2015)은 수타사 서쪽의 덕치천 건너편에 있는 태능산을 태실지로 비정하고 있다. 다만 두 장소 모두에서 태실 관련 흔적은 발견되지 않았다.[114]

03 예천 폐비 윤씨 태실

폐비 윤씨(廢妃尹氏, 1455~1482)의 태실은 경상북도 예천군 용문면 내지리 산83번지로, 예천 용문사에 자리하고 있다. 폐비 윤씨는 연산군의 생모로, 연산군이 즉위한 뒤 제헌왕후(齊獻王后)로 추숭되었기에 제헌왕후 태실로도 불렸다. 또한 왕비의 태실로는 마지막으로 조성된 사례다. 『성

▲ 예천 폐비 윤씨 태실의 전경

▲ 가봉비

▲ 태실비의 후면. 인위적인 훼손이 가해진 모습이다.

종실록』을 보면 중궁의 태실이 예천에 있다는 사실을 언급하며, 수호군을 정하는 것과 관련한 논의하는 기록이 있다. 현재 폐비 윤씨의 태실은 가봉비와 함께 태함의 개석이 노출된 상태로, 태실의 조성 시기는 태지석의 명문을 통해 확인된다.

우선 가봉비의 전면에는 '왕비태실(王妃胎室)', 후면의 경우 명문의 인위적 훼손이 있어 판독이 쉽지 않다. 다만 태지석을 통해 폐비 윤씨의 태실 조성 시기를 알 수 있는데, 성화 14년인 1478년(성종 9) 11월 12일로 확인된다. 한편 폐비 윤씨 태실의 훼손은 인위적인 것으로 판단되는데, 이는 연산군의 폐위와 관련이 있을 것으로 추정된다. 한편 일제강점기 때 폐비 윤씨의 태실이 이봉되는 과정에서 태지석과 백자 형태의 태항아리가 출토되었다.

▲ 일부 노출된 태함의 개석

▲ 폐비 윤씨 태실비(서삼릉), 전면: 연산군모윤씨태실(燕山君母尹氏胎室), 후면: □□□년오월/자경북예천군용문면이장(□□□年五月/自慶北醴泉郡龍門面移藏)

6 장

사진으로 보는 태실

01 태주를 알 수 없는 태실

안산 고잔동 태봉

안산 고잔동 태봉은 경기도 안산시 단원구 고잔동 671번지로, 현재 태실지에는 고잔 2동 주공 8단지 아파트가 들어섰다. 현재 태실과 관련한 흔적은 태함이 유일한데, 안산문화원으로 옮겨져 있다. 태함의 특징은 개석에 4개의 돌기가 돌출된 형태인데, 이는 조선 중기(선조~숙종)에 보이는

▲ 안산 고잔동 태봉의 태함

▲ 태함의 개석. 4개의 돌기가 돌출된 부분이 특징이다.

태함의 특징과 유사하다. 한편 『태봉등록』을 보면 1696년(숙종 22) 정월 21일에 안산(安山) 화곡면(火谷面)에 있는 왕녀 태봉의 도굴 소식이 장계로 올라왔다. 같은 해 2월 13일에 해당 왕녀의 태봉을 개수한 기록[115]이 남아 있는데, 어느 왕녀의 태실인지는 알 수 없다.[111]

파주 축현리 태실

▲ 태실지. 앞쪽에 비대가 있고, 뒤쪽에 파헤친 흔적이 남아 있다.

파주 축현리 태실은 파주시 탄현면 축현리 산96-1번지로, 태봉의 정상에 있다. 현재 태실지에는 복련과 안상이 새겨진 비대가 깨어진 채 남아 있고, 그 뒤로 파헤쳐진 구덩이가 확인된다. 또한 파주 축현리 태실의 태함은 국립중앙박물관의 야외 석조공원으로 옮겨졌다. 태실비와 태지석 등이 확인되지 않았기에 태주가 누구인지 알기는 어렵다. 다만 비대의 형

---

111 『2020 경기도 태봉태실 조사보고서』에서는 해당 태실을 숙종 왕녀 태실로 표기하고 있다.

▲ 파주 축현리 태실의 비대

▲ 국립중앙박물관으로 옮겨진 파주 축현리 태실의 태함

태와 태함의 개석에 4개의 돌기가 돌출된 점을 고려할 때 조선 중기(선조 ~숙종)에 조성된 태실일 가능성이 높다.

예산 입침리 태실

▲ 예산 입침리 태실지

예산 입침리 태실은 충청남도 예산군 응봉면 입침리 327-3번지로, 태

실지에는 복련과 안상이 새겨
진 비대와 태함이 남아 있다. 해
당 태실은『여지도서』와『호서읍
지』등에서 고려태봉(高麗胎封)으
로 표기되어 있는데, 이는 잘못
된 것이다. 입침리 태실에서 확
인되는 복련과 안상이 새겨진 장

▲ 비대

방형의 비대는 조선 중기(중종~숙종)에 조성된 태실일 가능성이 높다. 따
라서 해당 태실은 조선왕실의 태실로 봐야 한다.

포천 금주리 태실

▲ 영평천변 소공원으로 옮겨진 태함의 함신

▲ 포천 금주리 태실의 원경

포천 금주리 태실은 경기도 포천시 영중면 금주리 480번지로, 태봉의
정상은 군 참호와 분묘 등으로 훼손된 상태다. 현재 금주리 태봉과 관련
한 유일한 흔적은 영평천변 소공원으로 옮겨진 태함의 함신이다. 해당 태
함은 군 참호를 파던 중 출토되었으며, 개석은 태봉의 북쪽 사면에 묻었

다고 한다. [116)]

포천 송우리 태봉

▲ 포천 송우리 태봉. 태봉산의 정상에 태함이 남아 있다.

포천 송우리 태봉은 경기도 포천시 소흘읍 송우리 산28번지로, 태봉산의 정상에는 태함이 남아 있다. 전승으로는 고려 태조 왕건의 딸인 정희왕녀 혹은 왕자의 태실로 전해지고 있으며, 누구의 태실인지는 알 수가 없다. 다만 해당 태함의 상부 개석은 복원한 것이며, 하부 석물이 태함과 관련이 있는지는 추가적인 확인이 필요하다. [117)]

포천 주원리 군자동 태실

포천 주원리 군자동 태실은 경기도 포천시 창수면 주원리 산247번지로, 태실지는 군 참호로 인해 훼손된 상태로, 1990년대에 진지공사 중 청자빛의 태항아리가 출토되었다고 한다. [118)] 현재 태봉의 정상부에 태함의 함신이 남아 있다. 특히 함신에는 배수와 습기 제거를 위한 구멍이 남

▲ 포천 주원리 군자동 태실. 사진 속 석물은 태함의 함신이다.

아 있어 태함과 관련한 석물인 것을 알 수 있다. 위의 사진에서 볼 수 있듯 함신은 훼손이 심한 상태로, 태지석과 태실비 등이 확인되지 않아 누구의 태실인지는 알 수가 없다.

연천 동막리 샘골 태실

연천 동막리 샘골 태실은 경기도 연천군 연천읍 동막리 산55-2번지로, 태봉의 정상에는 태함의 개석이 노출되어 있다. 누구의 태실인지는 알 수가 없으며, 개석 뒤에는 동막리 태실과 관련한 안내 표석이 세워져 있다.

▲ 연천 동막리 샘골 태실. 지상에 노출된 태함의 개석

시흥 무지내동 태봉

▲ 시흥 무지내동 태봉. 태함의 일부가 노출된 모습이다.

무지내동 태봉은 경기도 시흥시 무지내동 산16번지로, 태봉의 정상에 있다. 태봉의 외형은 그릇을 엎어둔 형태인 태봉을 중심으로 좌·우측면과 후면을 봉재산이 감싸고 있는 형태다. 현재 태실지에는 파헤쳐진 구덩이 안쪽에 태함의 개석이 지상에 노출되어 있다. 태지석과 태실비가 확인

되지 않아 누구의 태실인지는 알
수가 없으며, 추가적인 정보는
발굴 조사를 통해 확인이 필요하
다.

▲ 노출된 태함의 개석

02 박물관으로 옮겨진 태함

울진 월송리 태실의 태함

안동대학교 박물관의 야외에 전시 중인
태함으로, 태실지는 경상북도 울진군 평
해읍 월송리 산15-1번지다. 현재 태봉산
은 동해안 7번 국도가 관통하고 있는데,
공사 중 태함이 출토가 되었다. 태지석과
태실비 등이 출토되지 않아 누구의 태실
인지는 알 수가 없다.

▲ 울진 월송리 태실의 태함

예천 오미봉 태실의 태함

대구박물관의 야외에 전시 중인 태함으
로, 태실지는 예천 오미봉 태실은 경상북
도 예천군 용문면 상금곡리 산32-1번지
다. 십승지로 유명한 금당실 마을 뒤에 자
리하고 있는데, 지난 1980년대 예비군 진
지를 구축하는 과정에서 오미봉 태함이

▲ 예천 오미봉 태실의 태함

출토되었다. 태지석과 태실비 등이 출토되지 않아 누구의 태실인지는 알 수가 없다.

진천 지암리 태실의 태함

진천 향토민속자료전시관에 있는 태함으로, 충청북도 진천군 진천읍 지암리에 있는 태봉산에 있었다. 하지만 지난 2008년 한 차례 도굴되었다가 되찾은 뒤 전시관으로 옮겼다. 함신의 내부에는 배수와 습기 제거를 위한 구멍이 있다. 태지석과 태실비 등이 출토되지 않아 누구의 태실인지 알 수가 없다.

▲ 진천 지암리 태실의 태함

상봉동 석제태실신석

음성 한독의약박물관의 야외에 전시된 상봉동 석제태실신석(上鳳洞 石製胎室身石, 해제 전: 서울특별시 유형문화재 제45호)이다. 해당 태실은 서울에 있던 것을 현 위치로 옮긴 것으로, 태지석이나 태실비 등이 출토되지 않아 누구의 태실인지 알 수가 없다.

▲ 상봉동 석제태실신석

서삼릉의 태함

서삼릉 관리사무소 옆에 있는 태함으로, 서삼릉으로 태실이 이봉될 때 옮겨온 것으로 추정된다. 누구의 태실인지는 알 수가 없다.

▲ 서삼릉 관리사무소 옆에 있는 태함

▲ 고려대학교 박물관의 야외에 전시 중인 태함

고려대학교 박물관의 태함

고려대학교 박물관의 야외에 전시 중인 태함으로, 태함의 함신과 원형의 개석이 온전하게 남아 있다. 함신의 내부에는 배수와 습기 제거를 위한 구멍이 있으며, 개석은 원형의 평면 형태를 보이고 있다. 누구의 태실인지는 알 수가 없다.

대관령박물관의 태함

대관령박물관의 야외에 전시 중인 태함으로, 안내문에는 고려시대의 태함으로 표기하고 있다. 구조와 형태는 앞서 소개한 조선왕실의 태실과는 확연확연한 차이를 보인다. 누구의 태실인지는 알 수가 없다.

▲ 대관령박물관에 전시 중인 태함

　　　　　태실(胎室)에 관심을 가진 뒤 현장을 찾아다니면서 이전에는 생각하지 못했던 태실의 의미를 반추할 수 있었다. 특히 방치되고 있는 태실을 마주하면서 안타까운 마음과 함께 더 훼손되기 전에 그 흔적을 남겨야겠다는 묘한 사명감 같은 것도 생겼다. 책머리에서 밝혔듯 처음에는 태실에 대해 책을 쓸 생각이 없었다. 하지만 지난날 성주 세종대왕자 태실과 예천 용문사·명봉사 일대의 태실들을 답사하는 과정에서 생각이 달라졌는데, 태실에도 이야기가 담겨 있다는 사실을 깨닫게 된 것이다. 그렇게 시작된 태실의 답사와 사료 조사는 시행착오의 연속이었다. 이 과정에서 지난 1999년에 발간된 『조선의 태실』을 참고해 가면서 많은 태실을 비교해 볼 수 있었다. 그 결과 기존에 남아 있던 석물이 유실되거나 태봉산 자체가 훼손된 사례가 확인되었다. 안타까운 점은 태실 유적의 상당수가 비지정 문화재로, 관리의 사각지대에 있다 보니 실태조차 제대로 파악이 안 되고 있다는 점이다. 그렇기에 이 책은 『조선의 태실』 이후 전국의 태실이 어떻게 변해 왔는지를 비교해 보는 자료로서도 나름대로 의미가 있다고 생각된다.

　　실제 태실의 답사 과정에서 뜻하지 않은 성과를 얻기도 했다. 가령 성주 단종 태실지에서 연엽주석과 동자석주를 확인했는데, 해당 석물은 이전 지표 조사에서도 찾지 못했던 석물이었다. 해당 석물의 경우 임병기 선생님의 제보가 아니었다면 나 역시 찾지 못하고 그냥 지나칠 뻔했던 내용이다. 지면을 빌려 감사의 인사를 드린다. 또한 숙종 태실이 있는 태봉산 주변을 확인하다가 발견했던 동자석주 역시 지금까지 확인된 적이 없던 석물이었다. 우연히 눈에 띈 석물의 중요성을 알고 있기에 바로 공주시청에 숙종 태실의 장태 석물과 관련한 보존 요청을 했고, 이에 보존과 복원에 최선을 다하겠다는 긍정적인 답을 들을 수 있었다. 진한용 원장(고려금석원)님의 도움으로 그 동안 태주를 알 수 없었던 양평 대흥리 태실의 태지석 명문을 확인할 수 있었고, 성종의 왕자 태실로 추정할 수 있었던 점도 의미가 있었다. 마지막으로 그 동안 연구 자료에서 언급되지 않았던 안성 배태리 태실이 성종의 왕자 태실이라는 사실을 밝힌 점 역시 이번 책의 중요한 성과라고 할 수 있다.

한편 이 책을 발간하는 데 있어 많은 분들이 도움을 주셨다. 우선 고증적인 부분에서 심현용 박사님과 경기문화재연구원 김종헌 선생님이 도움을 주셨다. 이와 함께 김종헌 선생님이 남양주 광전리 태실과 포천 주원리 군자동 태실의 위치를 알려주셔서 이 책에 관련 내용을 담을 수 있었으며, 태실 관련 자료를 찾는데 있어 전인혁 선생님이 많은 도움을 주셨다. 아울러 지난 2020년 4월에 발견 소식이 전해진 파주 정자리 태실비를 직접 조사할 수 있었는데, 민통선이라 출입이 제약이 있었지만 차문성 소장님의 도움으로 답사를 마칠 수 있었다. 이 밖에 성주군청 박재관 학예사님은 태종 태실과 관련한 사진 자료를 제공해 주셨다. 예산문화원 박세진 사무국장님은 현종의 아기비 발견 당시 사진을 제공해 주셨으며, 한국학중앙연구원 장서각에서 『장조태봉도』, 『순조태봉도』, 『헌종태봉도』, 『순종태실도』, 『창덕궁 태봉도면』 등을 제공해 주셨다. 그 밖에 예산군청과 김포시청 등에서 태실 관련 사진을 보내 주셔서 책을 집필하는 데 큰 도움이 되었다. 지면을 빌려 감사의 인사를 드린다.

돌이켜 보면 지난 2년 6개월 동안 태실 답사를 위해 전국을 발로 뛰어 다니며 시간을 보냈다. 혹자는 태실이 뭐기에 이렇게까지 하냐고 말을 하지만 태실 역시 우리가 보존해야 할 소중한 문화유산인 것은 분명하다. 또한 상대적으로 관심을 못 받는 사이 태실 관련 석물이 하나씩 사라져가고 있기에 이렇게 개인이나마 직접 발로 뛰면서 조사해야 할 가치가 있었던 일이라고 평가하고 싶다. 그럼에도 아쉬운 점이라면 이 작은 책 안에 모든 성과를 담기는 너무나 부족했다는 점이다. 가령 현장을 갈 때마다 한 곳당 백여 장에 가까운 사진을 찍지만, 지면의 문제로 단 몇 장밖에 책에 실을 수가 없었다. 또한 태실마다 더 많은 이야기를 담고 싶었지만, 책의 주제가 전국의 태실을 다루다 보니 너무 광범위해 담을 수 있는 내용은 제한적일 수밖에 없었다. 이렇다 보니 범위 역시 석물이 일부라도 남은 태실을 중심으로 조사를 진행해야 했다. 가령 태실지는 있지만, 태실 관련 석물이 남아 있지 않은 사례도 많이 있다. 대표적으로 삼척시 자원동에 있는 태봉산은 연산군 왕녀 복억 태실의 태실지로, 「한국향토문화전자대전」과 삼척시청의 자료에는 태실비가 있는 것으로 나온다. 하지만 확인해 보니 태실비는 이미 유실되어 행방을 알 수 없는 상태였다.

또한 상주시 함창읍 태봉리에 있는 인흥군 태봉이나 충청남도 보령시 미산면 남심리에 있는 명선공주 태실지의 경우 태봉의 원형은 남아 있지만, 태실 관련 석물은 남아 있지 않아 이번 조사에서 제외했던 경우다. 이와 함께 『조선의 태실』을 통해 태실 석물이 남아 있는 장소로 추정되는 ▶대전시 동구 오동 태봉골 태봉산 ▶청주시 문의면 문덕리 태봉산 ▶청주시 문의면 남일면 지경골 태봉산 ▶진천군 문백면 은탄리 도룡골 태봉산 ▶제천시 청풍면 오산리 오미 태봉골 태봉산 등은 위치를 확인하지 못해 이번 조사에서는 확인하지 못했다. 또한 박물관으로 옮겨진 태함 가운데 일부는 수장고에 있어 이 부분 역시 확인하지 못했다. 아쉬운 대목으로 이번 책에 담지 못한 부분은 향후의 과제로 남겨두고자 한다.

마지막으로 이 책이 완벽하다고 생각하지는 않는다. 안성 배태리 태실과 파주 정자리 태실의 사례에서 보듯 향후 새로운 태실 관련 유적이 확인될 가능성이 있고, 태실의 연구를 통해 더 많은 사실이 밝혀질 것이다. 그렇기에 책을 쓰는 현 시점에서 가급적 모든 내용을 충실히 담고자 했음에도 한계점이 존재한다는 점 역시 인정한다. 다만 이 책이 태실에 관심이 있는 사람들과 태실 연구를 하는 데 있어 조금이라도 도움이 된다면 그것으로 이 책의 출간 이유는 충분하다고 생각한다. 이번에 미진한 부분은 향후 더 연구하는 것은 물론 해당 책을 기본 뼈대로 삼고, 향후 경기도의 태실이나 경상도의 태실처럼 지역별로 세분화해서 더 많은 사진과 자료를 담을 수 있도록 준비해 보고자 한다.

태실 일람표

책에 소개한 태실을 중심으로 태실의 현황과 주소, 문화재 지정 여부 등을 표기한다. 단 해당 표는 답사한 태실을 기록한 것이기에 전체 태실과는 무관하다는 점을 밝힌다. 태실 명칭의 경우 문화재청에 등재된 명칭을 준용하되, 비지정 문화재의 경우 태주의 이름 혹은 지역의 명칭을 쓴다. 또한 문화재 등급에서 미표기를 한 경우는 비지정 문화재이다.

• 용어 설명

▶태: 태함 ▶가: 가봉 태실 석물 ▶아: 아기비 ▶가: 가봉비 ▶하: 하마비 ▶화: 화소 ▶금: 금표

순번	태실	주소	장태 석물		태실비		표석			문화재 등급
			태	가	아	가	하	화	금	
1	금산 태조 태실	충청남도 금산군 추부면 마전리 산1 * 원 태실지: 충청남도 금산군 추부면 마전리 산4	–	●	–	●	–	–	–	충청남도 유형문화재 제131호
2	김천 정종 태실	경상북도 김천시 대항면 운수리 산84-3(김천 직지사)	–	●	–	–	–	–	–	–
3	성주 태종 태실	경상북도 성주군 용암면 대봉리 산65 * 석물은 성주군청 수장고로 옮겨져 보관 중	–	●	–	–	–	–	–	–
4	사천 세종 태실	경상남도 사천시 곤명면 은사리 산27	–	●	–	●	–	–	–	경상남도 기념물 제30호

표 계속 ▷

순번	태실	주소	장태석물		태실비		표석			문화재등급
			태	가	아	가	하	화	금	
5	세종의 자	안평대군 태실	경상북도 성주군 월항면 인촌리 산8 * 단종의 원손 태실과 세조의 태실을 포함. 총 19기의 태실이 군 집을 이루고 있음	●	−	−	−	−	−	−	성주 세종대왕자 태실 (사적 제444호)
		임영대군 태실		●	−	●	−	−	−	−	
		광평대군 태실		●	−	●	−	−	−	−	
		금성대군 태실		●	−	−	−	−	−	−	
		평원대군 태실		●	−	●	−	−	−	−	
		영응대군 태실		●	−	●	−	−	−	−	
		화의군 태실		●	−	−	−	−	−	−	
		한남군 태실		●	−	−	−	−	−	−	
		수춘군 태실		●	−	●	−	−	−	−	
		영풍군 태실		●	−	−	−	−	−	−	
		계양군 태실		●	−	●	−	−	−	−	
		의창군 태실		●	−	●	−	−	−	−	
		밀성군 태실		●	−	●	−	−	−	−	
		익현군 태실		●	−	●	−	−	−	−	
		영해군 태실		●	−	●	−	−	−	−	
		담양군 태실		●	−	●	−	−	−	−	
		왕자 당 태실		●	−	●	−	−	−	−	
6	영주 소헌왕후 태실	경북 영주시 순흥면 배점리 산22-1 (영주 초암사에서 출발, 국망봉으로 가는 길에 위치한 태봉의 정상)	−	●	−	−	−	−	−	−

순번	태실	주소	장태석물		태실비		표석			문화재 등급
			태	가	아	가	하	화	금	
7	예천 문종 태실	경상북도 예천군 효자면 명봉리 산2(예천 명봉사)	–	●	–	●	–	–	–	경상북도 유형문화재 제187호
8	단종 태실	원손 태실: 경상북도 성주군 월항면 인촌리 산8(성주 세종대왕자 태실) 성주 단종 태실지: 경상북도 성주군 가천면 법전리 산10 사천 傳 단종 태실지: 경상남도 사천시 곤명면 은사리 438	–	●	–	●	–	–	–	사천 단종 태실지 (경상남도 기념물 제31호)
9	성주 세조 태실	경상북도 성주군 월항면 인촌리 산8 (성주 세종대왕자 태실)	●	–	●	●	–	–	–	성주 세종대왕자 태실 (사적 제444호)
10	홍천 정희왕후 태실	강원도 홍천군 동면 덕치리 8 홍천 수타사 태능산	–	–	–	–	–	–	–	–
11	서울 월산대군 이정 태실	서울특별시 서초구 우면동 694	●	–	●	●	–	–	–	서울특별시 기념물 제 30호
12	완주 예종 태실	태실지: 전라북도 완주군 구이면 덕천리 산158 태실 석물: 전라북도 전주시 완산구 태조로 44 경기전	–	●	–	●	–	–	–	전라북도 민속문화재 제26호
13	사천 인성대군 태실	경상남도 사천시 곤명면 은사리 438 * 사천 傳 단종 태실지	–	–	–	–	–	–	–	–

표 계속 ▷

순번	태실		주소	장태석물		태실비		표석			문화재등급
				태	가	아	가	하	화	금	
14		양평 제안대군 태실	경기도 양평군 옥천면 옥천리 산8	–	–	●	–	–	–	–	–
15		광주 성종 태실	태실지: 경기도 광주시 태전동 265–1 태실 석물: 서울특별시 종로구 창경궁로 185 창경궁	–	●	–	●	–	–	–	–
16	성종의 子女	상주 안양군· 완원군 태실	경상북도 상주시 모동면 상판리 산51	●	–	–	–	–	–	–	–
17		순천 왕자 수견 태실	전라남도 순천시 서면 학구리 산18 암태봉 정상	●	–	●	–	–	–	–	순천시 향토유적 제13호
18		울진 삼달리 태실/신래 태실	경상북도 울진군 평해읍 삼달리 산66	●	–	–	–	–	–	–	–
19		양평 대흥리 태실	태실지: 경기도 양평군 양평읍 대흥리 324–5번지 태함: 강원도 춘천시 우석로 70 국립춘천박물관	●	–	–	–	–	–	–	–
20		안성 배태리 태실	경기도 안성시 삼죽면 배태리 산46(중태봉 정상)	–	–	●	–	–	–	–	–
21		파주 정자리 태실	경기도 파주시 군내면 정자리 산67	–	–	●	–	–	–	–	–
22		남양주 광전리 태실	경기도 남양주시 별내면 광전리 산37–7	●	–	–	–	–	–	–	–

순번	태실		주소	장태석물		태실비		표석			문화재 등급
				태	가	아	가	하	화	금	
23	성종의子女	원주 대덕리 태실	강원도 원주시 호저면 대덕리 410-2	–	–	●	–	–	–	–	–
24		광주 원당리 성종 왕녀 태실	경기도 광주시 퇴촌면 원당리 산10-1, 산11-1	●	–	●	–	–	–	–	–
25		밀양 조선 성종 왕녀 태실	경상남도 밀양시 무안면 삼태리 산18	●	–	●	–	–	–	–	경상남도 기념물 제29호
26		경숙옹주 태실 및 비	울산광역시 울주군 범서읍 사연리 산112	–	–	●	–	–	–	–	울산광역시 유형문화재 제12호
27	성종의子女	원주 태장 왕녀 복란 태실비	강원도 원주시 태장동 1266-11	●	–	●	–	–	–	–	강원도 유형문화재 제66호
28		강릉 모전동 왕녀 정복 태실	강원도 강릉시 강동면 모전리 산259	–	–	●	–	–	–	–	–
29		양주 황방리 왕녀 승복 태실	태실지: 경기도 양주시 남면 황방리 87-1(태봉산 훼손) 태함: 서울특별시 용산구 서빙고로 137 국립중앙박물관	●	–	–	–	–	–	–	–
30		예천 폐비 윤씨 태실	경상북도 예천군 용문면 내지리 산83(예천 용문사)	●	–	–	●	–	–	–	경상북도 기념물 제174호
31	연산군의子	상주 상현리 연산군 원자 금돌이 태실	경상북도 상주시 화서면 상현리 377-1	●	–	●	–	–	–	–	–

표 계속 ▷

순번	태실		주소	장태석물		태실비		표석			문화재 등급
				태	가	아	가	하	화	금	
32	연산군의 子	문경 왕능리 연산군 왕자 인수 태실	경상북도 문경시 가은읍 왕능리 산30-2	●	–	–	–	–	–	–	–
33		광주 원당리 연산군 왕자 돈수 태실	경기도 광주시 퇴촌면 원당리 산30	–	–	●	–	–	–	–	–
34		가평 중종 태실	경기도 가평군 가평읍 상색리 산112	●	●	●	●	–	–	–	가평군 향토유적 제6호
35	중종의 子 女	의령 덕양군 태실	태실지: 경상남도 의령군 칠곡면 외조리 뒷산 태실 석물: 경상북도 경주시 일정로 186 국립경주박물관	●	–	●	–	–	–	–	–
36		금산 덕흥대원군 태실	태실지: 충청남도 금산군 추부면 마전리 산1-2 태실 석물: 충청남도 금산군 금산읍 금산로 1575 금산역사문화박물관	●	–	●	–	–	–	–	–
37		부여 의혜공주 태실	충청남도 부여군 규암면 함양리 97	●	–	●	–	–	–	–	부여군 향토유적 제71호
38		김포 조강리 인순공주 태실	경기도 김포시 월곶면 조강리 산58 * 태봉산 훼손, 현재 조강리 산57로 임시 이전	●	–	●	–	–	–	–	

순번	태실	주소	장태석물		태실비		표석			문화재 등급
			태	가	아	가	하	화	금	
39	영천 인종 태실	경상북도 영천시 청통면 치일리 산24	●	●	●	●	●	–	–	경상북도 유형문화재 제350호
40	서산 명종 태실	충청남도 서산시 운산면 태봉리 산6-2	–	●	●	●	–	–	–	보물 제1976호
41	부여 선조 태실	충화 선조대왕 태실비: 충청남도 부여군 충화면 오덕리 109-4	–	●	–	●	–	–	–	부여군 향토유적 제112호
		선조대왕 태실비: 충청남도 부여군 충화면 오덕리 284 (오덕사) * 태실지: 충청남도 부여군 충화면 오덕리 산1-17								충청남도 문화재자료 제117호
42		춘천 현암리 태봉 귀부: 강원도 춘천시 서면 현암리 산52-1								–
43	김포 신성군 고막리 태실	경기도 김포시 월곶면 고막리 212	●	–	●	–	–	–	–	–
44	청주 인성군 태실	충청북도 청주시 상당구 문의면 산덕리 411	●	–	●	–	–	–	–	충청북도 기념물 제86호
45	춘천 덕두원 태실	강원도 춘천시 서면 덕두원리 산72-35 (봉덕사)	–	–	●	–	–	–	–	–
46	가평 태봉리 영창대군 태실	태실지: 경기도 가평군 상면 태봉리 산115-1 태실비: 경기도 가평군 상면 태봉리 308	–	–	●	–	–	–	–	–

※ 순번 43~46의 태실 구분: 선조의 子女

표 계속 ▷

순번	태실		주소	장태석물		태실비		표석			문화재 등급
				태	가	아	가	하	화	금	
47	선조의子女	대전 경평군 태실	태실지: 대전광역시 서구 가수원동 180-3 일원 태함: 대전 유성구 도안대로 398 대전시립박물관	●	–	–	–	–	–	–	대전광역시 문화재자료 제26호
48		화성 정숙옹주 태실	경기도 화성시 송동 681-674	–	–	●	–	–	–	–	화성시 유형문화재 제17호
49	대구 광해군 태실		대구광역시 북구 연경동 산135	●	–	●	●	–	–	–	–
50	광해군의子女	원주 산현리 태실	강원도 원주시 호저면 산현리 산42	●	–	●	–	–	–	–	–
51		울진 나곡리 태실	경상북도 울진군 북면 나곡리 산65	–	–	●	–	–	–	–	–
52	인조의子	광주 용성대군 태실	광주광역시 북구 신안동 121-2(태봉산 유래비) 태함: 광주 북구 서하로 48-25 광주민속박물관	●	–	–	–	–	–	–	–
53		충주 가춘리 주동 태실	충청북도 충주시 엄정면 가춘리 229-3	–	–	●	–	–	–	–	–
54	효종의女	원주 숙휘공주·숙정공주 태실	강원도 원주시 흥업면 대안리 2109-1	–	–	●	–	–	–	–	–
55	예산 현종 태실		태실지: 충청남도 예산군 신양면 황계리 189-13 태실비: 충청남도 예산군 예산읍 천변로 90번길 3 예산문화원	–	–	●	–	–	–	–	–

순번	태실	주소	장태석물		태실비		표석			문화재등급
			태	가	아	가	하	화	금	
56	부여 명혜공주 태실	태실지: 충청남도 부여군 충화면 가화리 용골 구태봉 태실비: 충청남도 부여군 부여읍 정림로 83 정림사지박물관	–	–	●	–	–	–	–	부여군 향토문화유산 제113호
57	공주 숙종 태실	충청남도 공주시 태봉동 산64–9	–	●	●	●	–	–	–	충청남도 문화재자료 제321호
58	예산 연령군 태실	태실지: 충청남도 예산군 대술면 궐곡리 산54 태실 석물: 대전광역시 유성구 궁동 220 충남대학교	●	–	●	–	–	–	–	–
59	충주 경종 태실	충청북도 충주시 엄정면 괴동리 산34	–	●	●	●	●	–	–	충청북도 유형문화재 제6호
60	청주 영조 태실	충청북도 청주시 상당구 낭성면 무성리 산6	●	●	●	–	–	–	–	충청북도 기념물 제69호
61	영조의女 연천 유촌리 태실	경기도 연천군 미산면 유촌리 산127	●	–	●	–	–	–	–	
62	안성 성은리 태실	태실지: 경기도 안성시 원곡면 성은리 산31 태실 석물: 경기도 안성시 원곡면 성은리 33–1 (통심마을회관)	●	–	●	–	–	–	–	
63	춘천 용산리 태실	강원도 춘천시 신북읍 용산리 716–1	●	–	●	–	–	–	–	

표 계속 ▷

순번	태실	주소	장태석물		태실비		표석			문화재 등급
			태	가	아	가	하	화	금	
64	영조의女 포천 무봉리 태봉	태실지: 경기도 포천시 소흘읍 무봉리 산 132 태실 석물: 경기도 포천시 소흘읍 무봉리 480-1	●	–	●	–	–	–	–	
65	포천 만세교리 태봉	경기도 포천시 신북면 만세교리 산13	●	–	●	–	–	–	–	포천시 향토유적 제23호
66	당진 화유옹주 태실	태실지: 충청남도 당진시 순성면 성북리 산 188-1 태실비: 충청남도 당진시 순성면 순성로 473 순성초등학교	●	–	●	–	–	–	–	–
67	예산 화령옹주 태실	태실지: 충청남도 예산군 광시면 월송리 230-1 태실 석물: 충청남도 예산군 대흥면 동서리 106-1	●	–	●	–	–	–	–	
68	단양 화길옹주 태실	충청북도 단양군 대강면 용부원리 산58-5	●	–	●	–	–	–	–	–
69	예천 장조 태실	경상북도 예천군 효자면 명봉리 산2(예천 명봉사)	●	●	–	●	–	–	–	–
70	영주 의소세손 태실	경상북도 영주시 고현동 산7	●	–	–	–	–	–	–	
71	영월 정조 태실	강원도 영월군 영월읍 정양리 산133	●	●	●	●	–	–	–	강원도 유형문화재 제114호
72	예천 문효세자 태실	경상북도 예천군 용문면 내지리 산82(예천 명봉사)	●	–	●	–	–	–	–	경상북도 기념물 제173호

순번	태실	주소	장태석물		태실비		표석			문화재 등급
			태	가	아	가	하	화	금	
73	보은 순조 태실	충청북도 보은군 속리산면 사내리 산1	–	●	–	●	●	●	●	충청북도 유형문화재 제11호
74	포천 문조 태실	경기도 포천시 영중면 성동리 산95-1 태실 석물: 경기도 포천시 영중면 성동리 640-1	–	●	–	●	●	–	–	포천시 향토유적 제30호
75	예산 헌종 태실	충청남도 예산군 덕산면 옥계리 산6	–	●	–	●	–	–	–	–
76	영월 철종 원자 융준 태실	강원도 영월군 주천면 신일리 산356	●	–	–	–	–	–	●	–
77	홍성 순종 태실	충청남도 홍성군 구항면 태봉리 366-38 (태봉산 훼손) 화소 표석: 충청남도 홍성군 구항면 태봉리 347	–	–	–	–	–	●	–	–
78	안산 고잔동 태봉	태실지: 경기도 안산시 단원구 고잔동 671 태함: 경기도 안산시 상록구 석호로 144 안산문화원	●	–	–	–	–	–	–	–
79	파주 축현리 태실	태실지: 경기도 파주시 탄현면 축현리 산96-1 태함: 서울특별시 용산구 서빙고로 137 국립중앙박물관	●	–	●	–	–	–	–	–
80	예산 입침리 태실	충청남도 예산군 응봉면 입침리 327-3	●	–	●	–	–	–	–	–

표 계속 ▷

순번	태실	주소	장태석물		태실비		표석			문화재등급
			태	가	아	가	하	화	금	
81	포천 금주리 태실	경기도 포천시 영중면 금주리 480번지 태함: 경기도 포천시 영중면 성동리 640-1	●	–	–	–	–	–	–	–
82	포천 송우리 태봉	경기도 포천시 소흘읍 송우리 산28	●	–	–	–	–	–	–	–
83	포천 주원리 태실	경기도 포천시 창수면 주원리 산247	●	–	–	–	–	–	–	–
84	연천 동막리 샘골 태실	경기도 연천군 연천읍 동막리 산55-2	●	–	–	–	–	–	–	–
85	울진 월송리 태실	태실지: 경상북도 울진군 평해읍 월송리 산15-1 태함: 경상북도 안동시 경동로 1375 안동대학교	●	–	–	–	–	–	–	–
86	예천 오미봉 태실	태실지: 경상북도 예천군 용문면 상금곡리 산32-1 태함: 대구광역시 수성구 청호로 321 국립대구박물관	●	–	–	–	–	–	–	–
87	진천 지암리 태실	태함: 충청북도 진천군 진천읍 문진로 1323 진천향토민속자료전시관	●	–	–	–	–	–	–	–
88	상봉동 석제 태실신석	태함: 충청북도 음성군 대소면 대풍산단로 78 한독의약박물관	●	–	–	–	–	–	–	–
89	서삼릉 태함	경기도 고양시 덕양구 서삼릉길 233-126 관리사무소 옆	●	–	–	–	–	–	–	–

순번	태실	주소	장태석물	태실비		표석			문화재 등급
			태	가	아	가	하	화	금	
90	고려대학교 박물관 태함	서울특별시 성북구 안암로 145 고려대학교 서울캠퍼스 박물관	●	–	–	–	–	–	–	–
91	대관령 박물관 태함	강원도 강릉시 성산면 대관령옛길 1 대관령 박물관	●	–	–	–	–	–	–	–

• 문헌기록

『고려사』 / 『삼국사기』 / 『신증동국여지승람』 / 『승정원일기』 / 『일성록』 / 『연려실기술』 / 『조선왕조실록』 / 『태봉』 / 『홍재전서』 등

• 보고서, 도록, 저서, 논문

국립고궁박물관, 2018, 『조선왕실 아기씨의 탄생』

국립문화재연구소, 2006, 『국역 태봉등록』

국립문화재연구소, 2006, 『조선왕실의 안태와 태실 관련 의궤』, 민속원.

국립문화재연구소, 2007, 『국역 안태등록』, 민속원.

경기학연구센터, 2020, 『경기학광장 제6호/경기도 소재 성종 자녀 태실의 태주 검토』

경기문화재연구원, 2021, 『경기도 태봉·태실의 가치 재발견』

경기문화재연구원, 2021, 『2020 경기도 태봉태실 조사보고서』

문화재청 궁능유적본부, 2019, 『서삼릉 내 묘역 및 태실 역사성 회복 연구 결과보고서』

심현용, 2014, 『조선왕실의 아기태실비에 대한 양식과 편년 재검토』

심현용, 2015, 『星州 禪石山 胎室의 造成과 胎室構造의 特徵』

전주이씨대동종약원, 1999, 『조선의 태실1』

전주이씨대동종약원, 1999, 『조선의 태실2』

전주이씨대동종약원, 1999, 『조선의 태실3』

(재) 대동문화재연구원, 2012, 『성주 태종·단종태실 학술(지표)조사 결과보고서』

윤진영, 2016, 『조선왕실의 태봉도』, 한국학중앙연구원 출판부

윤진영·김호·이귀영·홍대한·김문식, 2016, 『조선왕실의 태실 의궤와 장태 문화』, 한국학중앙연구원 출판부

파주문화원향토문화연구소, 2019, 『파주민통선, 문화유적보고서』

홍성익, 2015, 『조선전기 王妃 加封胎室에 관한 연구』

홍성익, 2015, 『조선시대 胎室의 역사고고학적 연구』

• 언론자료

경기일보, 2020.04.16.『조선 초 성종때 왕자 태실로 추정되는 태실비 발견…발굴필요』

논객닷컴, 2019.07.10.『예천 용문사에 폐비 윤씨와 문효세자의 태실?』

논객닷컴, 2019.08.09.『예천 명봉사의 사적비가 실은 사도세자 태실비였다?』

논객닷컴, 2019.09.05.『선조의 태실비가 두 개인 이유는?』

논객닷컴, 2019.09.24.『선조의 태실가봉비 귀부』

논객닷컴, 2019.10.11.『꼭꼭 숨어 있는 원주의 태실을 찾아서』

논객닷컴, 2020.02.24.『태실에는 'ㅇㅇ' 비석이 있다?』

논객닷컴, 2020.03.12.『성주에는 태종과 단종의 태실지가 있다?』

논객닷컴, 2020.04.14.『공주의 유일한 태실, 숙종 태실을 아시나요?』

논객닷컴, 2020.06.29.『창덕궁 후원에 태실이 있었다고?』

뉴스타워, 2019.07.15.『경기남부편 – 화성 동탄호수공원에 태실비가 있다?』

뉴스타워, 2019.08.20.『안성에 영조와 영빈 이씨 소생의 옹주 태실비와 태함이 있다?』

뉴스타워, 2019.09.12.『경기도의 태실 – 가평 태봉리 태실은 누구의 태실일까?』

뉴스타워, 2019.10.04.『경기도의 태실 – 사도세자의 친동생 화완옹주의 태실인 포천 만세교리 태봉』

뉴스타워, 2019.10.21.『경기도의 태실 – 방치된 광주 원당리 연산군 왕자 돈수 태실』

뉴스타워, 2019.10.29.『경기도의 태실 – 성종의 자녀 태실로 추정되는 안성 배태리 태실』

뉴스타워, 2019.11.04.『경기도의 태실 – 영조와 영빈 이씨 소생의 옹주 태실인 연천 유촌리 태실』

뉴스타워, 2019.11.19.『경기도의 태실 – 보존과 활용 대책이 필요한 광주 원당리 성종 왕녀 태실』

뉴스타워, 2019.12.16.『경기도의 태실 – 무관심 속에 방치된 김포 고막리 태실』

뉴스타워, 2019.12.01.『경기도의 태실 – 훼손된 태봉산과 임시 이전된 인순공주의 태실, 김포 조강리 태실』

뉴스타워, 2020.01.12.『경기도의 태실 – 옥천리 태봉으로 불렸던 양평 제안대군 태실』

뉴스타워, 2020.02.02.『경기도의 태실 – 효명세자(=추존 익종, 문조)의 태실, 포천 태봉 석조물』

뉴스타워, 2020.02.09.『경기도의 태실 – 포천 무봉리 태봉, 영조와 귀인 조씨 소생

　　의 옹주 태실」

뉴스타워, 2020.03.02.『경기도의 태실 – 경기도의 태실 – 태함만 남아 있는 안산
　　고잔동 태봉」

뉴스타워, 2020.04.19.『경기도의 태실 – 혜정옹주의 태실인 연천 동막리 태실」

뉴스타워, 2020.05.25.『경기도의 태실 – 포천 송우리 태봉과 양주 황방리 왕녀 승
　　복 태실」

뉴스타워, 2020.10.22.『경기도의 태실 – 민통선 안에 태실이 있다고? 파주의 태실」

뉴스타워, 2021.04.06.『문화재가 남긴 흔적, 남양주 광전리 태실과 포천 주원리 태실」

자치안성신문, 2009.01.12.『왕자의 태실을 묻은 삼태봉과 가마터가 있던 마을 – 삼
　　죽면 배태리」

오마이뉴스, 2021.01.14.『[주장] 오류 투성이 안내문, 그대로 두면 안된다」

오마이뉴스, 2021.04.05.『야산과 군부대, 민통선 안에 태실 석물이 있다고?」

오마이뉴스, 2021.04.12.『봉교비가 들려주는 법주사와 순조 태실」

오마이뉴스, 2021.04.26.『순천 학구리에는 성종의 왕자 태실이 있다」

오마이뉴스, 2021.05.14.『전주 자만동 벽화마을에 간다면, 이 금표도 함께 보세요」

울산매일일보, 2018.12.10.『시 문화재 경숙옹주 태실지 발굴을」

• 사진자료

김포 조강리 태실 ⓒ 김포시청

『순조태봉도』ⓒ 한국학중앙연구원 장서각

『순조태실도』ⓒ 한국학중앙연구원 장서각

이희원씨 일기장 ⓒ 진한용

일본 닌토쿠 천황(仁德天皇) 태실·일본 고카쿠 천황(光格天皇) 태실 ⓒ 전인혁

예산 헌종 태실 사방석과 태실비 하단 ⓒ 예산군청

『장조태봉도』ⓒ 한국학중앙연구원 장서각

『창덕궁 태봉도면』ⓒ 한국학중앙연구원 장서각

태종 석물, 난간주석, 개첨석, 개석 ⓒ 성주군청

『헌종태봉도』ⓒ 한국학중앙연구원 장서각

현종 아기비 ⓒ 예산문화원

1) 『경기도 소재 성종 자녀 태실의 태주 검토』, 「경기학광장 제6호」, 김희태, 경기학연구센터, 2020, 참고

2) 『삼국사기』, 김유신 열전 "萬弩郡 今之鎭州 初以庾信胎藏之高山 至今謂之胎靈山"

3) 『조선왕조실록』, 태종실록 권2, 태종 1년(1401) 10월 8일, '경산부 조곡산에 태(胎)를 봉안하다' 중

4) 『조선왕조실록』, 세종실록 권74, 세종 18년(1436) 8월 8일 '음양학을 하는 정앙의 글에 따라 사왕의 태를 길지에 묻게 하다'

5) 『국역 태봉등록』, 국립문화재연구소, 2006, 임인(1662) 2월 초1일 기사 중 "무릇 태봉은 산의 정상을 쓰는 것이 전례이며, 내맥이나 좌청룡 우백호나 안산은 보지 않는 것이 원칙이라고 합니다"

6) 『경기도 소재 성종 자녀 태실의 태주 검토』, 「경기학 광장 제6호」, 김희태, 경기학연구센터, 2020, 113p.

7) 『조선왕조실록』, 선조수정실록 권4, 선조 3년(1570) 2월 1일 '성태를 임천에 묻다' 참고

8) 『조선시대 태실 연구의 현황과 과제』, 2021, 심현용, 〈경기도 태봉·태실의 가치 재발견〉, 경기문화재연구원 중 52p

9) 『조선왕조실록』, 문종실록 권3, 문종 즉위년(1450) 9월 8일 '풍수학에서 왕세자의 태실을 옮기도록 청하다'

10) 『태실에는 'ㅇㅇ' 비석이 있다?』, 논객닷컴, 2020.02.24. 기사 재인용 및 일부 수정

11) 『일성록』, 정조 9년(1785) 을사(1785) 1월 25일(올해), "경모궁(景慕宮) 태봉(胎封)의 표석(標石)에 '경모궁'이라고 쓰고, 금표(禁標)는 100보(步)를 더하며 수호군(守護軍)은 6명(名)을 더하라고 명하였다"

12) 『조선왕조실록』, 중종실록 권30, 중종 12년(1517) 11월 23일 '유용근 등이 혼인의 풍속, 증고사의 일에 관해 아뢰다.' 참고

13) 『조선왕조실록』, 성종실록 권15, 성종 3년(1472) 2월 23일 '각 도 관찰사에게 산과 들의 화재를 엄격히 금단하도록 하서하다' 기사 중

14) 『조선왕조실록』, 선조수정실록 권9, 선조 8년(1575) 11월 1일 '도적이 명종의 태봉을 허물다' 중

15) 『조선왕조실록』, 숙종실록 권15, 숙종 10년(1684) 8월 29일 '진산군 태조 태실의 경작과 벌목을 금하다' 중

16) 『조선왕조실록』, 중종실록 권65, 중종 24년(1529) 7월 14일 '세자 태실의 실화죄를 물어 영천 군수 허증을 체직시키다' 참고

17) 『국역 태봉등록』, 국립문화재연구소, 2006, 계미(1643) 7월 27일 '태봉에 불을 끈 승려들 상줌' 기사 중

18) 『연려실기술』 별집 제2권 사전전고(祀典典故) 장태(藏胎) 중

19) 『조선왕조실록』, 현종개수실록 권22, 현종 11년(1670) 3월 19일 '안태사 민점이 태봉으로 잠식된 농지를 보상하기를 청하다'

20) 매일신보(每日申報), 1928년 9월 10일자 기사 중 "…29개소(個所)의 태봉(胎封)을 파는데 여덟 곳에서나 암장시(暗葬屍)를 발견(發見)하였습니다. 명당(明堂)에 묘(墓)를 쓰고 싶은 것은 누구나 다 가진 욕심(慾心)일 것입니다. 그러나 적어도 왕가(王家)의 선왕(先王)의 태(胎)를 뫼신 곳에다가 이 같은 못된 짓을 한 자(者)들이 있었다는 것은 참으로 통탄(痛嘆)할 일이었습니다…"

21) 동아일보(東亞日報), 1929년 3월 1일자 기사 중 "이왕직에서는 각지 명산에 봉안하였던 태봉 삼십구개소를 철회하여 버리고 태봉 안에 있던 태옹(胎甕)을 경성으로 이안하여 임시로 시내 수창동(需昌洞) 이왕직 봉상시(奉常寺)에 봉안실(奉安室)을 신축하고 봉안하여 두었던 바 이번에 시외 고양군 원당면 원당리(高陽郡 元堂面 元堂里)에 있는 서삼릉(西三陵) 역내(域內)에 영구히 봉안하기로 되어 해동을 기다려 이안하리라는데 서삼릉은 철종황제(哲宗皇帝)의 예릉(睿陵), 인종대왕(仁宗大王)의 효릉(孝陵), 장경황후 윤씨(章敬皇后 尹氏)의 희릉(禧陵)을 모신 곳이라더라."

22) 『조선왕조실록』, 정조실록 권18, 정조 8년(1784) 9월 15일, '예조에서 열성조의 태봉을 써서 바치다' 참고

23) 『조선왕조실록』, 태조실록 권3, 태조 2년(1393) 1월 7일, '태실을 완산부 진동현에 안치하고 승격시켜 진주로 삼다. 신도 후보지 계룡산 행차에 대간과 의흥 친군위가 수종하도록 준비케 하다' 참고

24) 『조선왕조실록』, 세종실록 권151, 지리지 전라도 전주부 진산군 참고

25) 『국역태봉등록』, 국립문화재연구소, 2006, 98p~101p 참고

26) 『일성록』, 정조 23년 기미(1799) 7월 22일 '직지사(直指寺)에 승첩(僧帖) 100장을 만들어 주라고 명하고, 이어 도신을 신칙하여 형편대로 돌보아 도와주도록 하였다.'

27) 『조선왕조실록』, 태종실록 권2, 태종 1년(1401) 10월 8일, '경산부 조곡산에 태(胎)를 봉안하다'

28) 『조선왕조실록』, 세종실록 권150, 지리지 경상도 상주목 성주목 참고

29) 『신증동국여지승람』 권28 경상도 성주목 중 조곡산 부분 참고

30) 『성주 태종·단종태실 학술(지표)조사 결과보고서』, 재)대동문화재연구원, 2012, 38p

31) 『국역 태봉등록』, 국립문화재연구소, 2006, 284~289p

32) 『조선왕조실록』, 문종실록 권3, 문종 즉위년(1450) 9월 8일, "풍수학에서 왕세자의 태실을 옮기도록 청하다" 참고

33) 『성주 태종·단종태실 학술(지표)조사 결과보고서』, 재)대동문화재연구원, 2012, 64p

34) 『조선왕조실록』, 예종실록 권1, 예종 즉위년(1468) 9월 17일, "능에 석곽은 쓰지 않고 석실과 석난간만 쓰는 문제를 의논하다" 참고

35) 『조선왕조실록』, 세조실록 권29, 세조8년(1462) 9월 14일, "성주에 있는 어태실의 의물 설치를 불허하고 비만 세우다. 비문의 내용" 참고

36) 『신증동국여지승람』 권33, 전라도 전주부 중 태실산 부분 참고

37) 매일신보(每日申報), 1928년 9월 10일자 기사 중

38) 『조선왕조실록』, 중종실록 권4, 중종 2년(1507) 10월 16일 '경기 가평현을 올려 군으로 삼고, 현감 유면을 체임시키다' 참고

39) 『조선왕조실록』, 순조실록 권9, 순조 6년(1806) 10월 20일 '보은현에서 당저의 태실의 가봉 역사를 마쳤다고 고하니, 군으로 승격시키다' 참고

40) 『국역 태봉등록』, 국립문화재연구소, 2006, 168p 참고

41) 가평 중종대왕 태봉의 안내문 참고

42) 『조선왕실 아기씨의 탄생』, 국립고궁박물관, 2018, '皇明正德十年二月二十五日戌時生 世子 岾胎 正德十六年正月十七日午時藏'

43) 『조선왕실 아기씨의 탄생』, 국립고궁박물관, 2018, '皇明嘉靖十三年五月二十二日寅時生 王 男大君椿齡阿只氏胎 嘉靖十七年二月二十一日卯 時藏'

44) 『조선왕조실록』, 정조실록 권18, 정조 8년(1784) 9월 15일, "예조에서 열성조의 태봉을 써서 바치다" 참고

45) 『조선왕조실록』, 영조실록 권65, 영조 23년(1747) 3월 21일, "임천군에 있는 선조 대왕 태실 의 비를 새로 세우게 하다" 참고

46) 『조선왕조실록』, 선조수정실록 권4, 선조 3년(1570) 2월 1일, "성태를 임천에 묻다" 참고

47) 『조선왕조실록』, 광해군일기 권23, 광해 1년(1609) 12월 19일, "태실 개봉 때의 관상감 여러 관원·장역에 대한 논상이 차등을 두도록 전교하다" 참고

48) 『조선왕조실록』, 광해군일기 권33, 광해 2년(1610) 9월 10일, "이호민과 김상용이 표석이 갈 라진 것으로 대죄하니 대죄하지 말라고 하다" 참고

49) 『조선의 태실1』, 전주이씨대동종약원, 1999, 66p, '皇明萬曆三年四月/二十六日卯時生/王子 慶龍阿只氏胎/萬曆九年四月初/一日癸時藏'

50) 『조선왕조실록』, 숙종실록 권12, 숙종 7년(1681) 10월 12일, "현종 대왕의 태실을 더 북돋우고, 대흥현을 군으로 승급하다"

51) 『국역 태봉등록』, 국립문화재연구소, 2006, 신유(1681) 8월 초3일 "태봉과 석물은 명종대왕 의 태봉을 본보기로 삼아 잘 만들 것" 기사 중

52) 매일신보(每日申報), 2018년 11월 22일, 국립중앙도서관, '黃海道内의 王家胎封移奉, 리왕직 에서' 중

53) 『공주의 유일한 태실, 숙종 태실을 아시나요?』, 논객닷컴, 2020.04.14, 기사 재인용 및 일부 수정

54) 『승정원일기』, 책71(탈초본 9책) 현종 2년(1661) 11월 16일, "元子 태를 묻을 곳에 대한 觀象監의 계" 참고

55) 『조선왕조실록』, 영조실록 권10, 영조 2년(1726) 9월 4일, "선공감 제조 김택현 등에게 경종의 태실에 석물을 더 봉하도록 하다" 참고

56) 동아일보(東亞日報), 1974년 3월 28일, "엄정면 사무소에 옮겨다 마당장식을 한 경종대왕 태 실 석란"

57) 『조선왕조실록』, 정조실록 권19, 정조 9년(1785) 3월 18일, "경모궁 태실을 봉하는 공사가 끝 나자 서표관 이하 관리들을 포상하다" 참고

58) 『일성록』, 정조 13년(기유) 2월 16일, 풍기(豐基) 명봉사(鳴鳳寺)의 중 채옥(采玉) 등은 태(胎)를 봉

한 사표(四標) 내에서의 집복(執卜)과 산렵(山獵)을 금단할 것과 본읍의 지역(紙役)을 견감(蠲減)해 달라는 일이었는데, 하교하기를, "정식을 삼은 뒤에도 이와 같이 줄곧 폐해를 끼치다니 해읍(該邑)의 일은 대단히 놀랍다. 더구나 본사(本寺)가 중시되는 것은 전적으로 경모궁(景慕宮)의 태봉(胎峯)이 되기 때문인 만큼 사체를 또한 어찌 염두에 두지 않을 수 있겠으며, 만일 충분히 마음써서 보호했더라면 어찌 절의 중이 하소연하였겠는가. 해도(該道)에 엄히 관문(關文)을 보내어 폐단을 제거하게 하라." 참고

59) 『일성록』, 정조 9년(을사) 1월 25일, "경모궁(景慕宮) 태봉(胎封)의 표석(標石)에 '경모궁'이라고 쓰고, 금표(禁標)는 100보(步)를 더하며 수호군(守護軍)은 6명(名)을 더하라고 명하였다." 참고

60) 『조선왕실의 안태와 태실 관련 의궤』, 국립문화재연구소, 민속원, 2006, "정종대왕 태실가봉의궤" 중

61) 『조선왕실의 안태와 태실 관련 의궤』, 국립문화재연구소, 민속원, 2006, "순조 태실석난간조배의궤" 중

62) 『조선왕조실록』, 순조실록 권13, 순조 10년(1810) 5월 25일, "태실을 봉한 보은현을 군으로 승격시키다" 참고

63) 『조선왕실의 안태와 태실 관련 의궤』, 국립문화재연구소, 민속원, 2006, '원자아기씨장태의궤', "익종대왕 태실가봉석난간조배의궤" 중

64) 『국역 안태등록』, 국립문화재연구소, 2007, '원손아기씨안태등록' 중

65) 『조선왕실의 안태와 태실 관련 의궤』, 국립문화재연구소, 민속원, 2006, "성상 태실가봉석난간조배의궤" 중

66) 『星州 禪石山 胎室의 造成과 胎室構造의 特徵』, 심현용, 2015, 왕자 당에 관한 해석 부분은 130p 참고

67) 『조선의 태실2』, 전주이씨대동종약원, 1999, 43p '皇明/成化十六年正月初五/日生/王子壽聃阿只氏胎成化二十年/十月初十日丑時藏'

68) 『조선왕실 아기씨의 탄생』, 국립고궁박물관, 2018, 189p '皇明成化十六年十二月二十九日生 王子壽石阿只氏胎 成化二十年十月初十日子 時藏'

69) 『자치안성신문』, 2009.1.12., '왕자의 태실을 묻은 삼태봉과 가마터가 있던 마을 – 삼죽면 배태리' 중

70) 『파주민통선, 문화유적보고서』, 파주문화원향토문화연구소, 2019, 220p 참고

71) 『조선의 태실2』, 전주이씨대동종약원, 1999, 49p '전)王子金壽男胎室, 후)弘治六年五月初四日立碑'

72) 『조선시대 胎室의 역사고고학적 연구』, 홍성익, 2015, 중 16p, 朝鮮總督府, 朝鮮寶物古蹟調査資料, 1942, 51쪽 재인용

73) 『경기도 소재 성종 자녀 태실의 태주 검토』, 「경기학 광장 제6호」, 김희태, 경기학연구센터, 2020, 118p.

74) 『경기도 소재 성종 자녀 태실의 태주 검토』, 「경기학 광장 제6호」, 김희태, 경기학연구센터, 2020, 115~119p.

75) 『조선의 태실2』, 전주이씨대동종약원, 1999, 58p '王女胎室(前)/成化十七年七月二十一日立石(後)'

76) 『조선왕실의 아기태실비에 대한 양식과 편년 재검토』, 심현용, 2014 중

77) 『시 문화재 경숙옹주 태실지 발굴을』, 울산매일신문, 2008 기사 참고

78) 『조선왕조실록』 성종실록 권188, 성종 17년(1486) 2월 14일, "공주가 죽었으므로 조하를 정지하라고 전교하다" 참고

79) 『조선의 태실2』, 전주이씨대동종약원, 1999, 64p '王女ㅁ福阿只…(前)/弘治五年七月(後)'

80) 『조선왕실 아기씨의 탄생』, 국립고궁박물관, 2018, 194p '皇朝弘治十年十二月二十九日子時生 元子金石乙伊阿只氏胎 弘治十四年七月初二日未時藏'

81) 『조선왕조실록』 연산군일기 권40, 연산 7년(1501) 6월 10일, "승지 권주를 시켜 안태사 신수근을 제천정에서 전송하게 하고 어제시 한 절구를 내리다" 참고

82) 『조선의 태실2』, 전주이씨대동종약원, 1999, 69p '皇明弘治十四年五/月十四日午時生/大君仁壽阿只氏胎/弘治十四年九月十/二日丑時藏'

83) 『조선의 태실2』, 전주이씨대동종약원, 1999, 70p '弘治十八年二月十九日亥時立(後)'

84) 『조선의 태실2』, 전주이씨대동종약원, 1999, 70p '皇明弘治十四年二月初四日未時生/王子敦壽阿只氏胎室/弘治十八年二月十九日亥時藏'

85) 『조선의 태실2』, 전주이씨대동종약원, 1999, 77p '皇明嘉靖三年九/月二十五日亥時/生/王男崇壽阿只氏胎/嘉靖七年三月十/三日子時藏'

86) 『조선시대 胎室의 역사고고학적 연구』, 홍성익, 2015, 19p 참고

87) 『조선의 태실2』, 전주이씨대동종약원, 1999, 82p '王女…/三日巳時立'

88) 『조선의 태실2』, 전주이씨대동종약원, 1999, 83p '皇明/正德十六年三月/二十六日寅時生/王女公主玉蕙阿只氏胎/嘉靖二年閏四月十三/日巳時藏'

89) 『조선의 태실2』, 전주이씨대동종약원, 1999, 85p '…阿只氏胎室/(嘉靖)貳拾三年'

90) 『조선의 태실2』, 전주이씨대동종약원, 1999, 87p '王子珝阿只氏胎室/萬曆十二年七月二十五日立/萬曆十四年十二月初六日改立'

91) 『조선의 태실2』, 전주이씨대동종약원, 1999, 89p '萬曆十六年戊子,,,阿只氏胎室(前)/皇明萬曆十六年戊子十二月二十五日巳時立(後)'

92) 『조선왕실 아기씨의 탄생』, 국립고궁박물관, 2018, 203p '皇明萬曆十六年十月二十九日辰時生 王子阿只氏胎 萬曆十七年二月二十五日辰時藏'

93) 『조선의 태실2』, 전주이씨대동종약원, 1999, 93p '皇明萬曆二十八年六月十八日寅時生/王子阿只氏胎(前)皇明萬曆三十六年十月初七日藏(後)'

94) 『조선의 태실2』, 전주이씨대동종약원, 1999, 103p '皇明萬曆二十八年十二月二/十九日亥時生王/孫男阿只氏胎室(前)/萬曆二十九年四月三十日立(後)'

95) 『조선의 태실2』, 전주이씨대동종약원, 1999, 101p '萬曆二十七年二月二十八日'

96) 『조선의 태실2』, 전주이씨대동종약원, 1999, 106p '皇明天啓四年九月初三日辰時誕生/王男大君阿只氏胎/天啓五年三月二十五日藏'

97) 「원주 흥업면대안리 운산태실 관리 명령내린 완문공개」, 강원일보, 2004.7.12.

98) 『조선왕조실록』, 현종개수실록 권22, 현종 11년(1670) 3월 19일 "안태사 민점이 태봉으로 잠식된 농지를 보상하기를 청하다"

99) 『조선의 태실2』, 전주이씨대동종약원, 1999, 115p 참고

100) 『조선시대 胎室의 역사고고학적 연구』, 홍성익, 2015, 중 25p '앞면은 己亥年十一月十五日 丑時/誕生公主阿只氏胎', 뒷면은 '順治十七年二月十七日巳時藏'

101) 『국역 태봉등록』, 국립문화재연구소, 2006, 189p 참고

102) 『국역 태봉등록』, 국립문화재연구소, 2006, 188~190p 참고

103) 『홍재전서』, 권18, 행장 / 현륭원 행장 참고

104) 『조선왕실 아기씨의 탄생』, 국립고궁박물관, 2018, 213p '앞: 庚午八月二十七日丑時生元孫 阿只氏胎), 뒤:乾隆十五年十二月二十五日午時藏'

105) 『승정원일기』, 영조26년(1750) 10월 14일 기사 중

106) 『일성록』, 정조 7년 계묘(1783) 9월 15일, "용문사(龍門寺) 의승(義僧)의 번전(番錢)을 옮겨 정하는 일은 뒷날 등대(登對)할 때 품처하라고 명하였다."

107) 『승정원일기』, 책2609(탈초본 책125) 철종 9년(1858) 11월 22일, "趙寅燮, 以觀象監領事提調意 啓曰, 元子阿只氏藏胎吉地, 江原道原州府酒泉面伏結山下壬坐丙向, 受點矣。吉地旣爲完定, 安胎吉日時, 令日官推擇以入, 何如? 傳曰, 允"

108) 『국역안태등록』, 국립문화재연구소, 2007, 78p

109) 『창덕궁 후원에 태실이 있었다고?』, 논객닷컴, 2020.06.29, 기사 재인용 및 일부 수정

110) 『조선왕조실록』, 정조실록 권37, 정조 17년 4월 8일 "갓난 옹주의 태를 내원에 묻다" 참고

111) 『조선왕실의 태봉도』, 윤진영, 한국학중앙연구원 출판부, 2016, 66p~73p

112) 『조선왕조실록』, 정조실록 권2, 정조 즉위년(1776) 9월 25일, "규장각을 창덕궁 금원의 북쪽에 세우고 제학·직제학·직각·대교 등 관원을 두다" 참고

113) 『창덕궁 후원에 태실이 있었다고?』, 논객닷컴, 2020.06.29, 기사 재인용 및 일부 수정

114) 『조선전기 王妃 加封胎室에 관한 연구』, 홍성익, 2015, 281~283p

115) 『국역 태봉등록』, 국립문화재연구소, 2006, 107~108p 중 병자(1696) 정월 21일, 병자 2월 15일 참고

116) 『2020 경기도 태봉태실 조사보고서』, 2021, 경기문화재연구원, 293p 참고

117) 『2020 경기도 태봉태실 조사보고서』, 2021, 경기문화재연구원, 307p 참고

118) 『2020 경기도 태봉태실 조사보고서』, 2021, 경기문화재연구원, 308p 참고

조선왕실의 태실

초판 1쇄 인쇄	2021년 06월 15일
초판 1쇄 발행	2021년 06월 24일
지은이	김희태
펴낸이	김양수
책임편집	이정은
교정교열	이봄이
펴낸곳	휴앤스토리
	출판등록 제2016-000014
	주소 경기도 고양시 일산서구 중앙로 1456 서현프라자 604호
	전화 031) 906-5006
	팩스 031) 906-5079
	홈페이지 www.booksam.kr
	블로그 http://blog.naver.com/okbook1234
	포스트 http://naver.me/GOjsbqes
	인스타그램 @okbook_
	이메일 okbook1234@naver.com
ISBN	979-11-89254-58-2 (03910)